U0851709

全图解 Diagram

真账实操教你学税务处理

朱菲菲 / 编著

中国铁道出版社
CHINA RAILWAY PUBLISHING HOUSE

内容简介

本书共分为10章，主要按照税务筹划、采购、生产、销售及经营后续工作的大致流程，介绍了企业可能涉及的各方面税务工作，如增值税、消费税、城市维护建设税、教育费附加、土地增值税及印花税等。

全书以一家真实公司的案例贯穿始终，使得所有税务处理更贴合实际，让读者更能切实感受税务处理的过程，真正达到理论与实践相结合。

通过本书的学习，读者不仅能学会很多税务方面的专业知识，还能一气呵成地了解企业税务处理的大致流程，掌握细节的同时掌控全局。

本书主要定位于从事公司税务工作的财务人员或即将进入公司的初级财务人员，以及公司税务工作相关的管理人员，同时也适合对税务知识有兴趣的想要深入学习的人群。另外，书中还有很多账务处理过程，所以也适合公司其他财务人员参考使用。

图书在版编目（CIP）数据

全图解！真账实操教你学税务处理 / 朱菲菲编著 . —北京：中国铁道出版社，2018. 3

ISBN 978-7-113-23911-4

Ⅰ. ①全… Ⅱ. ①朱… Ⅲ. ①企业管理－税收管理－中国 Ⅳ. ① F812. 423

中国版本图书馆CIP数据核字（2017）第253618号

书　　名：全图解！真账实操教你学税务处理
作　　者：朱菲菲　编著

策划编辑：王　佩　　**读者热线电话：**010-63560056
责任编辑：杨新阳
责任印制：赵星辰　　**封面设计：**MXK DESIGN STUDIO

出版发行：中国铁道出版社（100054，北京市西城区右安门西街8号）
印　　刷：三河市宏盛印务有限公司
版　　次：2018年3月第1版　　2018年3月第1次印刷
开　　本：700mm×1000mm　1/16　**印张：**18.75　**字数：**257千
书　　号：ISBN 978-7-113-23911-4
定　　价：49.00元

PREFACE 前言

企业在经营过程中不仅涉及成本和费用，还要按税法规定缴纳税费，只有按时足额纳税才能在法律层面上作为合法企业持续经营。

但是，很多企业往往忽视税务的重要性，从而在计算应缴税费时随心所欲，一旦被税务机关查出问题，又忙于解决税务纠纷和相应的惩罚，使得企业工作效率降低，并付出一些没有必要的罚款或滞纳金，最终得不偿失。

因此，企业财务人员急需学习和巩固税务知识，掌握税务工作的处理流程，同时学会重视税务处理工作中的细节问题，保证企业税务工作的有序进行，也有助于财务人员少犯错误，为企业节省不必要的支出。

为了满足读者的需求，编者决定编著这本《全图解！真账实操教你学税务处理》一书，旨在为读者解决税务工作中的重点和难点问题，让财务工作人员在税务工作或其他财务工作中能更加得心应手。

本书共10章内容，大致按照企业经营过程的顺序进行税务讲解，具体内容如下图所示。

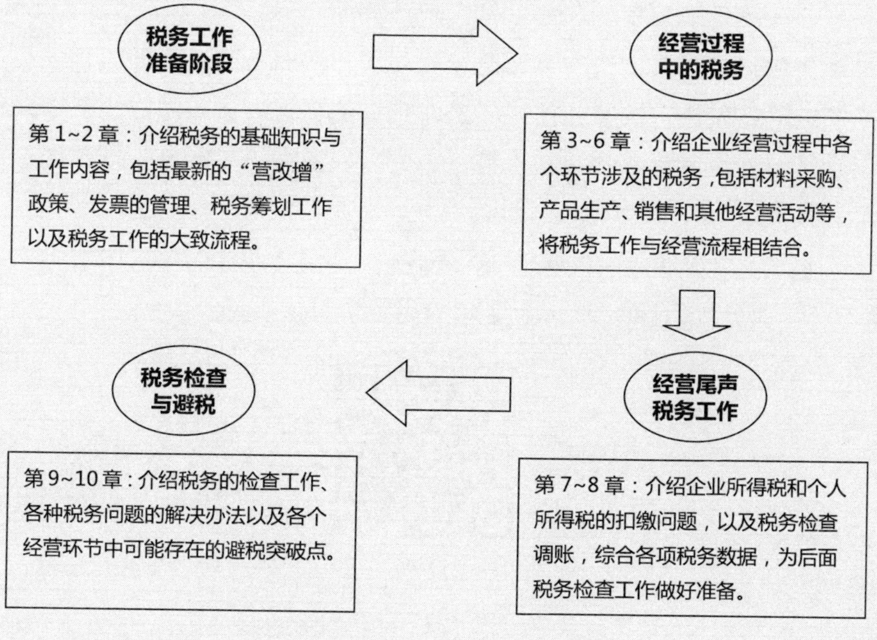

前言 PREFACE

本书尤其注重内容的易读性、实用性和趣味性，具体内容如下。

◆ 书中涉及企业生产经营环节的主要内容，以一家公司为例贯穿讲解一连串税务工作，使得书中案例更加具体、完整且真实。

◆ 在必要的地方加入小栏目样式，意在补充正文中没有讲解到的税务知识，同时起到提醒读者和引起读者关注的作用。

◆ 以全图解的形式将税务知识或税务工作中存在联系的各部分表现出来，更加生动、形象，各部分之间的关系一目了然。

◆ 在企业生产经营各主要环节的章节（第3～7章）末尾，单独设置一个版块，把每一个环节涉及的税费计缴情况进行汇总，帮助读者总结税务工作的相关数据。

本书整体结构清晰明了，先总起全书，讲解企业税务工作的准备阶段需要了解、掌握和准备的知识与工作，然后分别讲解各经营环节的具体税务工作，最后总结税务工作的后续事宜与避税措施，让读者在阅读之前对本书的内容和过程有一个大概的了解。

本书的读者对象定位在从事公司税务工作的财务人员或即将进入公司工作的初级财务人员，以及公司税务工作相关的管理人员，同时也适合对税务知识有兴趣的想要深入学习的人群。因为书中还有很多账务处理过程，所以也适合公司其他财务人员参考使用。

扫描下方二维码或输入网址http://www.crphdm.com/2016/0815/12457.shtml即可获得800分钟的用友U8、金蝶K3应用教学视频。

编 者

2017年12月

CONTENTS 目录

目录 CONTENTS

CONTENTS

目录 CONTENTS

CONTENTS

目录 CONTENTS

CONTENTS

目录 CONTENTS

CONTENTS

Chapter

01

公司运营过程少不了税的参与

OPTIONS

【本章要点】

让公司的税务处理合法

对于企业而言，税务关系影响着营业利润，同时，税收也关系着财政收入。因此，税务处理一定要引起企业的重视，让企业的税费支出合理化，同时也要使税务处理工作合法化。

不再单独办理税务登记证

公司成立之初需要办理很多手续，如营业执照、组织机构代码证及税务登记证等。2016年6月30日，国务院办公厅发布了《关于加快推进“五证合一、一照一码”登记制度改革的通知》，明确从2016年10月1日起正式实施“五证合一、一照一码”，即企业在拿到营业执照后，这一证照就包含了营业执照、组织机构代码证、税务登记证、社会保险登记证和统计登记证的功能，如图1-1所示。

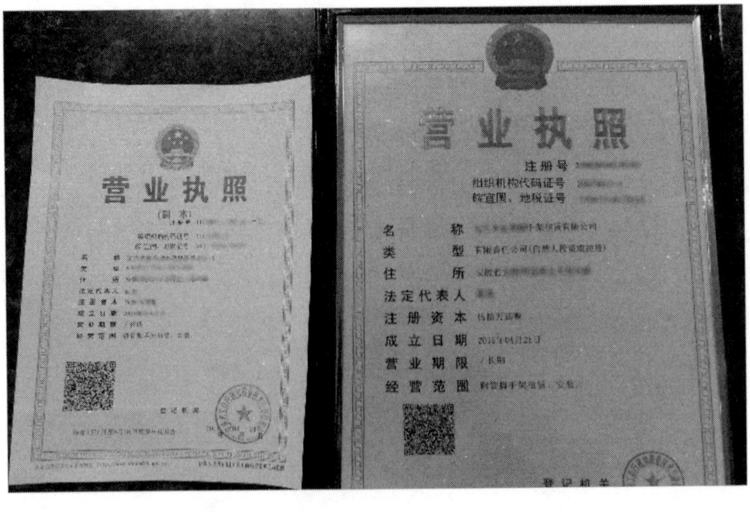

图1-1

纳税人开立银行账户、申请减税、免税和退税等事项时，持这一张营业执照就行。同时，纳税人（企业）应将“五证合一”的营业执照正本在其生产经营场所或办公场所公开悬挂，以便日后接受税务机关的检查。那么，在2015年6月~2017年12月31日这一过渡期内成立的公司要如何完成“五证合一”的办理呢？新的“无证合一”办理模式采取“一表申请、一窗受理、并联审批、一份证照”的流程。

第一步：按照公司名称结构规定给公司取名，结构包含行政区划、字号、行业和组织形式；咨询相关工作人员后，填写名称预先核准申请书和授权委托意见，同时准备相关材料；接着递交名称预先核准申请书、法人代表身份证、备用名称若干和相关材料，等待名称核准结果；最后领取企业名称核准通知书。

第二步：办证人持工商网报系统申请审核通过后打印的《新设企业五证合一登记申请表》，携带其他纸质资料前往税务大厅多证合一窗口受理。窗口核对信息与资料无误后，将信息导入工商准入系统，生成工商注册号，并在“五证合一”打证平台上生成各部门号码，补录相关信息。

第三步：窗口专人将企业材料进行扫描，与《工商企业注册登记联办流转申请表》传递至质监、国税、地税、社保和统计这5个部门，由他们分别完成后台信息录入，最后打印出载有一个证号的营业执照。之后企业就可陆续进行印章刻制和银行开户等事项的手续办理。

办理“五证合一”营业执照时需要递交的申请资料有很多，主要有下列所示的一些。

◆ 企业设立登记申请书。内含企业设立登记申请表、单位投资者（股东、发起人）、自然人股东（发起人）、个人独资企业投资人、合伙企业合伙人名录、投资者注册资本（注册资金、出资额）缴付情况、法定代表人登记表、董事会成员、经理、监事任职证明和企业住所证明等表格。

- ◆ 公司章程。提交打印件一份，请全体股东亲笔签字；有法人股东的，要加盖该法人单位公章。
- ◆ 法定验资机构出具的验资报告。
- ◆ 企业名称预先核准通知书及预核准名称投资人名录表。
- ◆ 股东资格证明、指定（委托）书。
- ◆ 经营范围涉及前置许可项目时应提交有关审批部门的批准文件。

这样一来，企业办理的营业执照上只有“统一社会信用代码”，副本上还有证件编号。但如果企业在新规定实施之前成立就办理了营业执照、税务登记证和组织机构代码证，没有特殊情况时，都需要在2017年12月31日前进行“五证合一”的办理，具体流程如图1-2所示。

第一步：与负责企业事务的工商局联系（一般市一级或区县一级），获知办理地点（一般在市民中心、服务中心或工商局，具体地点需自行搜索查找）。

⇩

第二步：携带企业的“五证”原件和副本、公司公章及委托办理人的身份证正反面复印件到指定办理地点领取两张表，分别是“指定代表或共同委托代理人授权委托书”和“换照申领表”，然后填写表格。

⇩

第三步：填好表格后，根据工作人员的指示到相关柜台办理手续。此时，相关工作人员会收走企业的“五证”原件及副本，而企业则需要在“企业登记申请收件凭证（据）”上填写个人联系方式，而该凭证的其中一联会给企业保管。

⇩

第四步：5~15个工作日（实际情况下，相关工作人员会提前告知）后到相应的办理地点领取企业的新证照。

图1-2

税务核定与账簿的设立

税务核定发生在领取营业执照之后，企业完成税务核定后就应该设立账簿，方便企业日后的账务处理。

（1）税务核定

税务核定实际上就是税种的确定，这一工作一般由主管企业的税务专管员根据公司的实际经营特点和范围，正确核定企业的应纳税种和税目。通常，新企业把“五证合一”的营业执照办好后，会到相关银行开设账户，然后携带相关资料，由企业法人和会计人员一起到税务所专管员处办理企业税种鉴定。新公司核定税种所需要携带的资料如表1-1所示。

表 1-1

编号	资料内容
1	法人、实际经营者及财务人员的联系方式
2	全体股东身份证复印件
3	企业营业执照原件（没有五证合一的，可提供三证合一的营业执照）及复印件
4	公章、发票专用章和企业章程
5	账册（需要贴好印花税票并划销）、一套核税表格
6	印花税购票凭证
7	财务人员录用合同和会计上岗证。如果企业工商信息录入时财务人员与现企业聘任财务不是同一人，需提供原财务身份证复印件
8	开户许可证原件及复印件和银行扣款协议（即三方协议）一份
9	经营地租赁协议（需贴印花税，关于印花税的介绍详见本章第 2 节内容）
10	房产证和房租发票等

一般来说，新企业在取得“五证合一”营业执照之日起一个月内要到税务专管员处申请税种核定，若半年之内仍未申请核定或已申请核定而未购买发票的企业，税务部门有权将其列入非正常户，并施以行政处罚。

提示：什么是税务专管员

所谓的税务专管员是税务机关日常管理公司税务问题的专门人员，新公司的一些税务相关事项都要通过税务专管员进行申请核准。

企业在经营过程中可能涉及很多税种，而我国现行的税种共有17种，如表1-2所示。

表 1-2

税种	解释
增值税	以商品（含应税劳务）在流转过程中产生的增值额作为计税依据而征收的一种流转税，实行价外税，有增值征税，没增值不征税
消费税	以消费品的流转额作为征税对象的各种税收的统称，是典型的间接税，实行价内税，只在应税消费品的生产、委托加工和进口环节缴纳，批发和零售等环节不用再缴纳消费税。消费税的征收对象一般比较特殊，如烟、酒、鞭炮、化妆品和珠宝玉石等
城市维护建设税	对有经营收入的单位或个人征收的一个税种。一般以纳税人实际缴纳的增值税和消费税税额为计税依据，与增值税和消费税同时缴纳，有关规定比照增值税和消费税的规定
企业所得税	对我国内资企业和经营单位的生产经营所得和其他所得征收的一种税
个人所得税	收入达到缴纳标准的公民都要交的税种，涉及的税目主要有工资薪金所得、个体工商户的生产经营所得、对企业事业单位的承包经营和承租经营所得、劳务报酬所得、稿酬所得、特许权使用费所得、利息股息和红利所得、财产租赁所得、财产转让所得、偶然所得及其他所得
印花税	对经济活动和经济交往中设立、领受具有法律效力的凭证的行为所征收的一种税。纳税人包括在中国境内设立、领受规定经济凭证的企业、行政单位、事业单位、军事单位、社会团体、其他单位、个体工商户和其他个人
房产税	以房屋的计税余值或租金收入为计税依据，向产权所有人征收的一种财产税
契税	以所有权发生转移变动的不动产为征税对象，向产权承受人征收的一种财产税
资源税	以各种应税自然资源为课税对象，如城市土地、矿藏和森林等
城镇土地使用税	以实际占用的土地面积为计税标准，按规定税额对拥有土地使用权的单位和个人征收的一种资源税

续表

税种	解释
土地增值税	转让国有土地使用权、地上的建筑物及其附着物并取得收入的单位和个人，以转让所取得的收入（货币收入、实物收入和其他收入）减去法定扣除项目金额后的增值额为计税依据，向国家缴纳的一种税负，不包括以继承、赠予方式无偿转让房地产的行为
耕地占用税	依据实际占用耕地面积，按照规定税额向占用耕地建房或从事其他非农业建设的单位和个人一次性征收的一种行为税
车辆购置税	对在境内购置规定车辆的单位和个人征收的一种税，包括汽车、摩托车、电车、挂车和农用运输车等
车船使用税	以车船为课征对象，向车辆、船舶的所有人或管理人征收的一种税，这里的车船是指依法应当在车船管理部门登记的车船
船舶吨税	海关对进出中国的国际航行船舶征收的一种使用税
关税	进出口商品在经过一国关境时，由政府设置的海关向进出口商征收的税收，课征对象为进出口商品
烟叶税	在中华人民共和国境内收购烟叶的单位为烟叶税的纳税人，纳税对象是指晾晒烟叶和烤烟叶，计税依据为烟叶收购金额

在这17种现行税种中，增值税、消费税、城市维护建设税、企业所得税、个人所得税、印花税、房产税、城镇土地使用税和土地增值税等较常见，而船舶吨税、关税和烟叶税等都较特殊，只在特定经济活动中才会涉及。另外，只有个人所得税、企业所得税和车船使用税通过全国人大立法，其他绝大多数税收事项都依靠行政法规、规章及规范性文件来执行。

（2）设立账簿

企业将税务登记与税务核定等与外界接触的税务事项办理好后，就要准备企业内部需要用到的账簿了。账簿是税务机关检查企业账目的参考材料，因此，企业在正式经营之前，还需要按规定设立账簿。按照不同的分类方法可以将账簿分为不同的种类，具体分类依据有账簿的用途、账簿的外形特征和账页格式。

◆ 按账簿的用途划分

企业如果按照账簿的用途划分账簿的种类，则有序时账簿、分类账簿和备查账簿3种。序时账簿又称日记账，适用于需要详细记录经济业务的发生时间先后顺序的情况；分类账簿是编制会计报表的依据，能反映资产、负债、所有者权益、收入、费用和利润等会计要素增减变化的情况；备查账簿负责对一些在序时账簿和分类账簿中不能记载或记载不完全的经济业务进行补充登记，属于辅助性账簿，如委托加工材料登记簿。

◆ 按账簿外形特征划分

企业如果按外形特征设置账簿，则有订本式账簿、活页式账簿、卡片式账簿和磁性媒介质式账簿4种。

订本式账簿可避免账面散失，防止账页被抽换，较安全。若分类账采用这种账簿，要为每一账户预留若干空白账页，留页不够会影响账户的连续记录，留页过多又会造成浪费，这种账簿在同一时间内只能由一人登记，不便于记账人员分工。因此，订本式账簿一般适用于具有统驭性、重要性、只应该或只需要一个人登记的账簿，如总分类账、现金日记账和银行存款日记账。

活页式账簿在启用前没有编写账页顺序号，在使用过程中将各张账页置放在活页账夹内，或者临时拴扎成册，可根据实际情况添加账页，不会造成浪费，使用较灵活，便于分工记账。但账页容易散失和被抽换，因此，这种账簿的空白账页在使用时必须连续编号，且有关人员在账页上盖章，并定期装订成册，防止弊端产生。该账簿一般适用于明细分类账。

卡片式账簿与活页式账簿类似，可根据需要随时添加账页。该类账簿还可跨年度使用，且无须更换账页，便于分类汇总和根据管理需要转移卡片。但这种账簿也容易散失或被抽换，因此在使用时，应在卡片上连续编号以保证安全，一般适用于账页需要随物资使用或存放地点的转移而重新排列的明细账，如固定资产明细分类账。

磁性媒介质式账簿是指存储在电脑中的账簿，其没有传统的簿记形式。

◆ 按账页格式划分

企业按账页格式划分账簿类型时，主要有数量金额式账簿、两栏式账簿、三栏式账簿及多栏式账簿4种。

数量金额式账簿的借方、贷方和余额这3个栏目内都分设数量、单价和金额这3个小栏目，适用于登记原材料和库存商品这样的物资情况，如图1-3所示。

原材料明细分类账

类别：钢材　　　　编　　号：1003

名称：丙　　　　存放地点：一号库

规格：　　　　计量单位：千克

2016 年		凭　证		摘　要	收　　入			发　　出			结　　存		
月	日	种类	号数		数量	单价	金额	数量	单价	金额	数量	单价	金额
3	1			承前页							500	3.00	1 500
	8	银付	6	购　进	800	3.00	2 400				1 300	3.00	3 900
	19	转	8	生　产领　用				1 000	3.00	3 000	300	3.00	900
	26	转	15	购　进	500	3.00	1 500				800	3.00	2 400

图1-3

两栏式账簿是指只有借方和贷方两个基本金额栏目的账簿，适用于普通日记账和转账日记账，如图1-4所示。

普通日记账

201×年		凭证		会计科目	摘要	借方	贷方	过账
月	日	字	号					
5	1	转	1	物资采购	购入材料	20000		
				应交税金	增值税	3400		
				应付账款	××公司		23400	

图1-4

三栏式账簿是设有借方、贷方和余额三个基本栏目的账簿，一般适用于各种日记账、总分类账及资本、债权、债务明细账，如图1-5所示。

多栏式账簿是在账簿的两个基本栏目（借方和贷方）按需要分设若干栏的账簿，收入、成本、费用和利润明细账一般都采用这种格式的账簿。

债权债务明细账

账户名称：　　　　　　　　　　　　　　　　　　第　页

年		凭证		摘要	借方金额	贷方金额	借或贷	余额
月	日	字	号					
5	1			购入材料	20000			
				增值税	3400			
				应付账款		23400		23400

图1-5

领购发票与纳税申报

企业要领购相应的发票才能进行正常的经营工作，并且在一定的会计期间内准时进行纳税申报，这样整个税务工作流程才完整。

（1）领购发票

个人或者企业要想领购发票，需要满足一定的条件和资格。只有依法办理了税务登记的单位和个人，在领取税务登记证件后才能向主管税务机关申请领购发票，而主管税务机关会发放《发票领购簿》。

纳税人在申请领购发票时，需要提供相应的资料和申请表，具体的流程如下所示。

第一步，纳税人提供申请表和资料。如《纳税人领购发票票种核定申请表》一份、“五证合一”的营业执照（不是五证合一的，需提供《税务登记证》副本）、经办人的身份证明和财务专用章或发票专用章印模。

第二步，主管税务机关受理环节。检验纳税人出示的证件是否有效；审核证件资料是否齐全，如《税务行政许可申请表》、《纳税人领购发票票种核定申请表》填写是否完整准确，印章是否齐全；审核各种申请表与附报资料是否一致；将符合条件的资料通过系统正确录入《纳税人领购发票票种核定申请表》信息，同时制作《税务行政许可受理通知书》、《文书受理回执单》或《税务文书领取通知单》，并交纳税人。

第三步，接受案头审核和实地调查。主管税务机关的相关人员在接收受理环节转来的资料后，从系统中调阅税务登记信息和营业执照信息，检查这些信息与纳税人提供的《纳税人领购发票票种核定申请表》是否一致，申请的票种资格与纳税人的登记注册信息是否相符等。另外，通过实地调查，核实纳税人的实际经营情况与申请的票种信息是否相符，是否具备发票管理和开具能力。

第四步，确定审批结果，签署审批意见。制作《准予行政许可决定书》或《不予行政许可决定书》送达纳税人，将相关资料归档。

企业在领购发票后即可进行正常的经营活动，并合理使用发票。最后，纳税人需要按照税法规定的期限和内容向税务机关提交有关纳税事项书面报告，完成每个期限内的纳税申报事务。纳税人办理纳税申报时，要如实填写纳税申报表，并根据不同的情况相应报送下列有关证件和资料。

- ◆ 财务会计报表及其说明材料；与纳税有关的合同、协议书及凭证；税控装置的电子报税资料。
- ◆ 外出经营活动税收管理证明和异地完税凭证；境内或者境外公证机构出具的有关证明文件。
- ◆ 纳税人、扣缴义务人的纳税申报或代扣代缴、代收代缴税款报告表的主要内容包括税种、税目，应纳税项目或应代扣代缴、代收代缴税款项目，计税依据，扣除项目及标准，适用税率或单位税额，应退税项目及税额，应减免税项目及税额，应纳税额或应代扣代缴、代收代缴税额，税款所属期限、延期缴纳税款、欠税和滞纳金等。
- ◆ 扣缴义务人办理代扣代缴、代收代缴税款报告时，应当如实填写代扣代缴、代收代缴税款报告表，并报送代扣代缴、代收代缴税款的合法凭证及税务机关规定的其他有关证件和资料。

◆ 税务机关规定应当报送的其他有关证件和资料。

（2）纳税申报

纳税人进行纳税申报的方式有多种，一是上门申报，指纳税人亲自去税务机关申报纳税；二是邮寄申报，纳税人应当使用统一的纳税申报专用信封，并以邮政部门收据作为申报凭据，以寄出的邮戳日期为实际申报日期；三是数据电文申报，指税务机关确定的电话语音、电子数据交换和网络传输等电子方式，纳税人采取这种方式时应当按照税务机关规定的期限和要求保存有关资料，并定期书面报送主管税务机关。不仅如此，各税种的申报期限也有明显差别，具体情况如表1-3所示。

表 1-3

税种	纳税申报期限
增值税/消费税	纳税期限相同，分别为 1 日、3 日、5 日、10 日、15 日、1 个月或 1 个季度。具体纳税期限由主管税务机关根据纳税人应纳税额的大小分别核定，不能按照固定期限纳税的，可按次纳税。纳税人以 1 个月或 1 个季度为 1 个纳税期的，自期满之日起 15 日内申报纳税；以 1 日、3 日、5 日、10 日或 15 日为 1 个纳税期的，自期满之日起 5 日内预缴税款， 于次月 1 日起 15 日内申报纳税并结清上月应纳税款
企业所得税	分月或分季预缴，自月份或季度终了之日起 15 日内，向税务机关报送预缴企业所得税纳税申报表，预缴税款；自年度终了之日起 5 个月内，向税务机关报送年度企业所得税纳税申报表，并汇算清缴，结清应缴应退税款；在年度中间终止经营活动的，应当自实际经营终止之日起 60 日内，向税务机关办理当期企业所得税汇算清缴；内资企业在年度终了后 45 日内、外商投资企业和外国企业在年度终了后 4 个月内向其所在地主管国家税务机关办理所得纳税申报
其他税种	税法已明确规定纳税申报期限的，按税法规定的期限申报；税法未明确规定纳税申报期限的，按主管国家税务机关根据具体情况确定的期限申报。其中，城市维护建设税和教育费附加在纳税人申报增值税和消费税的同时进行申报。个人所得税的纳税申报期限根据纳税人的性质和纳税申报方式的不同而有一定差异，如年所得 12 万元以上的纳税人，在纳税年度终了后 3 个月内向主管税务机关办理纳税申报；资源税的纳税期限为 1 日、3 日、5 日、10 日、15 日或 1 个月，不能按固定期限纳税的，可按次纳税；房产税按年征收、分期缴纳等

上述纳税申报期限是按照正常情况考虑的，在实际生活中，企业或个人纳税申报会遇到特殊情况，如顺延和延期，如表1-4所示。

表 1-4

特殊问题	解释
顺延	纳税人办理纳税申报的期限最后一日若遇公休或节假日的，可以顺延
延期	纳税人、扣缴义务人或代征人按照规定的期限办理纳税申报或报送代扣代缴、代收代缴税款报告表、委托代征税款报告表确有困难而需要延期的，应在规定的申报期限内向主管国家税务机关提出书面延期申请，经主管国家税务机关核准，在核准的期限内办理
不可抗力延期	纳税人、扣缴义务人或代征人因不可抗力情形不能按期办理纳税申报或者报送代扣代缴、代收代缴税款或委托代征税款报告的，可以延期办理，但应在不可抗力情形消除后立即向主管国家税务机关报告

当企业实行"一照一码"登记模式后，应在领取营业执照之日起15日内将企业的财务、会计制度或财务、会计处理办法报送主管税务机关备案，自开立存款账户之日起15日内向主管税务机关报告全部账号，并按规定进行申报纳税。需要网上申报的，要到主管税务机关开通"网上（电子）办税服务厅"网报功能。

"五证合一"后，企业税务事项的变化

"五证合一"只是在"三证合一"的基础上多纳入社会保险登记证和统计登记证，其税务事项与三证合一的相似，通过"一口受理、并联审批、信息共享、结果互认"实现由一个部门核发加载统一社会信用代码的营业执照。下面看看"五证合一"后纳税人办理涉税事项有哪些新变化。

- 不用进行税务登记，不再领取税务登记证。企业办理涉税事项时，在完成补充信息采集后，凭加载统一代码的营业执照就可以代替税务登记证使用。
- 实行"五证合一，一照一证"后，对于改革前已经办理原工商营

业执照、质监组织机构代码证但尚未办理税务登记的企业，需要继续办理税务登记。但税务机关可以提醒或建议纳税人在办理其他涉税事宜之前，持原三证合一的营业执照到登记机关及时办理变更登记，获取统一社会信用代码。

◆ 对于工商登记已采集的信息，税务机关不再重复采集；其他必要涉税基础信息可在企业办理有关涉税事项时及时采集，陆续补齐。信息发生变化的，由企业直接向税务机关申报变更，税务机关及时更新税务系统中的企业信息。

“一照一码”是指营业执照与统一社会信用代码，企业以后凭借营业执照和统一社会信用代码就可办理很多以前需要带齐三证的事务，真正提高了企业办税效率。下面来了解与“一照一码”有关的涉税事项。

（1）“一照一码”在涉税领域的适用范围

各类企业纳税人领取“一照一码”后，在办理需要出示税务登记证等相关业务时，均可用营业执照代替。而使用统一社会信用代码后，对使用增值税发票系统升级版的企业有一定的影响。

2015年9月1日后，符合纳入增值税发票系统升级版条件的新设立企业，需待税务端防伪税控系统升级后才能进行企业开票系统发行。已纳入升级版开具增值税发票的企业，若发生登记信息变更的，可继续使用原纳税人识别号开具增值税发票，待税务端防伪税控系统升级后，由主管税务机关通知其办理统一社会信用代码企业开票系统发行事宜。

（2）实行“一照一码”登记模式后，对发票专用章的影响

2015年9月1日后新设立的企业，用统一社会信用代码刻制发票专用章。具体式样和尺寸规定参照《国家税务总局关于发票专用章式样有关问题的公告》（国税总局公告2011年第7号）。

2015年9月1日前设立、并已纳入升级版开具增值税发票的企业，若登

记信息发生变更，统一社会信用代码替代了纳税人识别号，可继续使用原有的发票专用章，待税务端防伪税控系统升级，并办理统一社会信用代码企业开票系统发行后，再用统一社会信用代码刻制新的发票专用章。

（3）实行“一照一码”登记模式后，涉税事项的变更

“一照一码”企业的生产经营地、财务负责人和核算方式信息发生变化的，由企业向主管税务机关申请变更。除上述3项信息外，企业在登记机关新设时采集的信息发生变更的，均由企业向登记机关申请变更。

（4）实行“一照一码”登记模式后，涉税事项的注销登记

企业办理注销登记时必须向税务主管机关申报清税，填写《清税申报表》。企业可向国税、地税任何一方税务主管机关提出清税申报，税务机关受理后将企业清税申报信息传递给另一方税务机关。流程如图1-6所示。

第一步：国税、地税税务主管机关按照各自职责分别进行清税，限时办理。

⇩

第二步：国税、地税主管税务机关核对企业清缴税款、缴销发票等情况。

⇩

第三步：在清税的过程中，经举报等发现少报、少缴税款的，税务机关将相关信息传至登记机关，纳入“黑名单”管理。

⇩

第四步：清税完毕后，一方税务机关及时将本部门的清税结果信息反馈给受理税务机关，由受理税务机关根据国税、地税清税结果向纳税人统一出具《清税证明》，并将信息共享到交换平台。

⇩

第五步：企业持《清税证明》向企业登记机关申请办理注销登记。

图1-6

企业取得“一照一码”营业执照后，除了上述4方面的变化之外，涉税信息的报送也发生了变化，企业办理工商登记时已报送的信息不再重复报送税务机关，其他必要的涉税基础信息由企业在办理有关涉税事宜时报送税务机关。

提前了解税务登记的变更

变更税务登记是指纳税人在拿到“五证合一”的营业执照后，因税务登记内容发生变化而向税务机关申请将税务登记内容重新调整为与实际情况一致的行为。

各公司“五证合一”手续办完后，若没有其他变更事项，则应按照变更税号的流程到所属税务局办理相应的手续。而更换税务登记号码的事项主要有如下一些。

第一，改革前已经领取税务登记证的存量企业，发生税务变更的，在取得18位统一社会信用代码后，原发票专用章继续使用，保留原法律效力，即纳税人通过工商变更或换证领取“一照一码”营业执照的，发票专用章不需要重新刻制，原15位纳税人代码的发票专用章可以继续使用。

第二，开设银行账户时，按规定要登记税务登记号码，而“五证合一”换成18位统一社会信用代码后，企业要到开户银行申请终止“税库银三方协议”，否则后期将无法完成扣税操作。纳税人若在多个银行开设多个账户，则要分别办理。

第三，税务数字证书是纳税人通过网络办税的重要工具，“五证合一”号码升位后，纳税人应到服务商服务窗口重新申办税务数字证书，否则将无法登录纳税申报软件和网上办税服务厅。另外，开通网上认证的纳税人还要在服务商处重新注册网上认证信息；托收方式缴纳金税服务费的纳税人还要在服务商处变更托收信息。

第四，“五证合一”后，国税系统还是默认旧税号的，企业已经开出的发票依然能使用，但在国税系统变更到新税号之前（税务专管员会通知企业），最好将所有的进项发票进行认证。

第五，在变更为统一社会信用代码前，税务局会先查询纳税人是否具有验旧的发票信息，若全部为正常开具发票，则会帮纳税人进行验旧，然后变更为统一社会信用代码；若有作废或红冲票，税务局经办人会通知纳税人到柜台验旧，然后才能变更为统一社会信用代码。

在办理税务登记变更时，企业要按主税种所属国税、地税权限区分先后次序，比如主税种在国税，则应先在国税办理税号变更，完成后再办理地税变更相应手续。

（1）涉及国税变更的税务事项

主税种在国税的一般纳税人，在“五证合一”税务变更后，国税的扣款协议需要重新签订，开票系统也要升级，同时还要对税控系统注销发行，并以统一社会信用代码进行初始发行，其中，需要注意的问题有如下一些。

◆ 对变更当月有开具旧税号专用发票的，不要求开出去的销项发票全部认证。

◆ 取得的旧税号专用发票要在变更发行前全部认证。

◆ 在准备变更的时间段内最好不要领购新票和开具发票。

◆ 变更当月开具了发票的，将开具的发票数据提前读入申报系统。开票量不大的，建议收回发票并作废，重新发行后再开具换票。

◆ 变更前完成增值税申报和增值税发票报税的，要申请发票缴销验旧，结清税款和各类罚款。

◆ 变更的次月，申报不能远程清卡，需要到前台经人工核实纳税人进销项等数据后给予办理一窗式比对强制通过。非征期报税可能无法在升级版开票系统进行远程，需要到办税服务厅纳税申报窗口进行非征期报税；征期税可远程报税，也可大厅报税。

◆ 已办出口退（免）税备案的，若涉及《出口退（免）税备案表》中的内容变化，要及时提供相关资料，办理备案内容的变更。

◆ 重新发行后，有空白发票退回的，将已退票的发票信息重新写入税控专用设备。

另外，主税种在国税的小规模纳税人，如果是没有领购发票的公司，税务变更登记的手续较简单，在当月国税、地税税款申报缴纳完毕后即可办理，带齐公章、法人章、营业执照副本原件、经办人身份证原件及复印件即可。

但是，如果企业是具有防伪税控的一般纳税人，则变更税务登记的手续较复杂，具体流程如图1-7所示。

第一步：对所有未开具发票进行退回操作、备份客户、商品编码，以备升级后恢复，对增值税专用发票和普通发票只有一份的，需先办理发票增量。

⇩

第二步：纳税人携带资料清单（税控设备、所有结存未使用的空白发票、发票领购簿、新营业执照副本原件、公章、法人章、经办人身份证原件及复印件、当月已开具的正常票、作废票和冲红票等）填制“五证合一”税控系统变更流程确认单。其中，冲红发票包括正数发票、负数发票和冲红信息表。

⇩

第三步：在税务大厅发票发售窗口，持含退票信息的金税盘，进行发票退回操作；在综合服务窗口核对营业执照副本原件中的信息，更改新税号为18位；在金税发行窗口核对发票种类及核定数量，注销原税号，重新发行新税号；在发票发售窗口将退回的发票重新发售给新税号。

⇩

第四步：到主管税务机关办税服务大厅导税台领取《委托划转税款协议书》和《撤销缴款账户申请书》各3份，填写盖章后去银行重新签约（银行不会在《撤销缴款账户申请书》上盖章，编码规则为18位社会统一信用代码）；致电所属服务单位，由服务人员远程操作，重新安装开票软件并重新设置；带税务数字证书到服务商处变更网上申报等信息，同时审核使用情况是否正常。

⇩

第五步：重新刻制发票专用章，相应变更税号；带基本户开户许可证原件（不是基本户的还需带该账户的开户资料原件）和营业执照副本原件到国税大厅提交已由银行盖章的《委托划转税款协议书》进行验证。

图1-7

（2）涉及地税变更的税务事项

涉及地税变更的注意事项与国税变更类似，这里就不再重复说明，下面就来了解地税变更的具体流程，如图1-8所示。

第一步：经查询，国税变更程序未完成的，地税重新走变更税号流程。
⇩
第二步：到主管税务机关办税服务大厅导税台领取《委托划转税款协议书》和《撤销缴款账户申请书》各3份，填写盖章后去银行重新签约（银行不会在《撤销缴款账户申请书》上盖章，编码规则为社会统一信用代码后9位）。
⇩
第三步：带基本户开户许可证原件（不是基本户的还需带该账户的开户资料原件）和营业执照副本原件到国税大厅提交已由银行盖章的《委托划转税款协议书》进行验证。领用地税发票的公司需要带新刻制的发票专用章、旧章销毁证明、营业执照副本原件及复印件、经办人身份证复印件、发票领购簿、未使用的空白发票；有控税卡的，要写卡到业务办理当天；若为外挂税控机，写卡操作为点击“系统工具”中“申报维护”项，按截止日期申报即可，但前提是要先缴销发票。
⇩
第四步：带公司税控机、尚未使用的空白发票和发票领购簿等必要资料去地税局办理地税税控机内税号信息变更。

图1-8

配合税务稽查

由于税务关系到财政税收问题，所以国家税务部门或机关会定期或不定期地对企业的税务进行检查。而作为企业，应该积极配合税务机关的税务稽查工作，这就要求企业明确国税局与地税局检查的资料有所不同。

（1）国税局主要检查增值税

针对国税局的税务稽查工作，企业需要提供如下一些资料和信息。

第一，本年度的销售收入、销项税额分月总计、进项税额分月总计。

第二，进项税额转出数的分月总计、是否有留底税额、本年度应交增值税、本年度已交增值税、是否有欠税现象。

第三，每个月的进项抵扣联或表、每个月的发票使用明细表以及每个月的应交增值税申报表。

第四，本年的税负率、去年全年的税负率、今年税负率低于去年税负率的书面说明书。应收账款与应付账款是否存在异常余额、账面库存与实际库存的相符性、是否存在进销项发票比对不符及账上如何处理等。

（2）地税局主要检查企业所得税和其他小税种

配合地税局的检查工作要提供企业所得税方面的资料，而检查时会根据《企业所得税税前扣除办法》的规定，检查企业是否存在如下问题。

- 是否存在3年以上没有支付的应付账款。
- 是否存在不合规的票据列支；是否存在跨年暂估而没有冲销的情况；当年计提的工资薪金是否已经在次年汇算清缴前发放。
- 福利费是否超范围列支；差旅补贴的列支是否满足相关公告规定的必备条件；业务招待费的开支是否超过标准。
- 会议费的列支是否满足相关公告规定的必备条件；广告宣传费的开支是否超标。
- 是否存在行政罚款和税收滞纳金的开支；检查本年度企业所得税贡献率。

提示：14种不合规票据

未填付款方全称的发票、变更品名的发票、虚开发票、假发票、过渡期后开具的地税发票、跨地区开具发票、大头小尾发票、发票专用章不合规发票、票面信息不全或不清晰发票、涂改票面信息发票、手工开具机打发票、应当备注而未备注的发票、自行打印专票销货清单的票据以及重复打印的电子发票。

除此之外，地税局还会检查企业其他小税种和税局代收款的计缴情况，主要包括如下4个方面。

第一，3项附加税（城市维护建设税、教育费附加和地方教育费附加）的缴税金额是否与增值税相匹配。

第二，印花税的缴纳是否完整，如实收资本、购销合同等。

第三，工会经费和残疾人就业保障金的计提缴纳情况。

第四，其他税种的计提缴纳情况，如代扣代缴的个人所得税、土地使用税、车船税和房产税等。

税务工作要提前做好准备

税务工作多而繁杂，要想做好就需要提前做好相关的准备工作，比如对发票开具要求的了解、税改后的防伪税控系统和相关的税法与票据管理规定等。事先了解这些知识，可以使财务人员在进行正式工作时得心应手。

增值税专用发票受“抄税”的控制

抄税是国家通过金税工程控制增值税专用发票的过程之一，若企业是增值税一般纳税人且需要开具增值税专用发票，则必须购买税控电脑，在申请成为暂认定一般纳税人后，到税务机关指定的单位购买金税卡和IC卡（用于开具发票、抄税和购买增值税发票）。

企业将其上月开出的发票全部记入发票IC卡，然后报税务部门将这些发票信息读入他们的服务器，最后以此作为该企业计算税额的依据。一般来说，要在执行抄税后才能报税，且抄税后才能开具本月发票。

抄税工作分为写税控IC卡和打印销项报表两部分。首先是写税控IC卡，开票子系统到了每月1日，当企业进入开票系统时就会提示“金税卡已到抄税期，请您及时抄税”，此时企业必须进行抄税工作，经过一系列的操作后，金税卡中的本期税额的明细数据就会写入税控IC卡。完成写税控IC卡后即可进行各种报表的打印。

在抄税工作中，企业可能会遇到“零抄税”问题，主要是指应纳税额为0时是否需要抄税。那么，企业在什么情况下需要防伪税控零抄税和网上申报零抄税呢？

1. 防伪税控一般纳税人需要注销，且当月没有开具防伪税控增值税专用发票的，注销前须在上个月已经抄税后再对当月零抄税，然后注销。

2. 防伪税控一般纳税人金税卡或IC卡损坏而无法正常抄税，且抄税所属的月份没有开具专用发票的，必须零抄税；如果开具了发票，不能零抄税，必须通过存根联补录进行抄税。

3. VPDN网上申报已经可以识别的非防伪税控一般纳税人，网上申报时不需做零抄税。对于防伪税控一般纳税人已经在防伪税控系统中进行了零抄税的，也必须在网上申报时进行零抄税。

普通发票和增值税专用发票的开具要求

在了解普通发票和增值税专用发票的开具要求前，先来认识增值税专用发票的“长相”，如图1-9所示的是增值税专用发票的第二联。

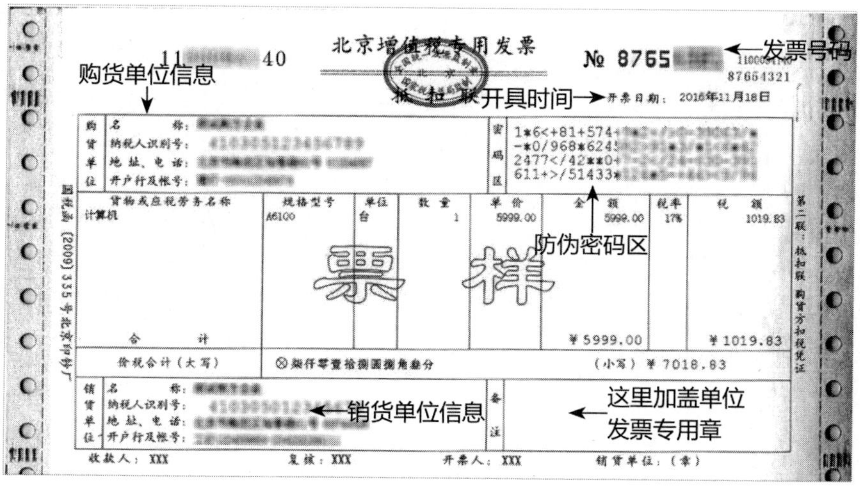

图1-9

由于防伪税控系统的应用，所以普通发票与增值税专用发票没有什么区别，“长相”一致。即使如此，两者在开具要求方面也有一些差异，具体对比结果如表1-5所示。

表 1-5

对比项	普通发票	增值税专用发票
文字规范性	发票的文字规范，使用中文；大小金额规范；开票日期规范，一般是发生经营业务并确认营业收入的时间；购货单位名称、货物名称或服务项目规范；发票规格、单位、数量和单价等都规范	字迹清楚；不得涂改，若填写有误，应另行开具专用发票，并在误填的专用发票上注明“误填作废”字样，若开具后因购货方不索取而成为废票的，也应按填写有误办理
特殊发票的开具	开具红字发票时，若原开具的发票已经入账但无法收回原发票的，可要求对方提供由当地主管税务机关出具的有关证明，按实际的经营业务另行据实开具发票，并在新开具的发票上注明原发票的号码及开具金额和凭证号码；原开具的发票尚未入账且能收回的，整份发票装订起来加盖作废戳记或注明作废字样，据实另行开具发票	票、物相符，票面金额与实际收取的金额相符；不得开具伪造的专用发票；不得拆本使用专用发票；不得开具票样与国家税务总局统一制定的票样不相符的专用发票；需要注意的是，红字普通发票不能冲抵增值税专用发票

续表

对比项	普通发票	增值税专用发票
发票开具时间	只有经济业务发生时才能开具发票，且据实开具，不得变更商品或劳务的名称与金额，未发生经济业务的，一律禁止开具发票；发生销售折让的，应当收回原开具的发票并注明作废字样，重新开具销售发票；临时需要开具普通发票的单位或个人，可以凭经营业务发生的书面证明到主管税务机关指定的场所，由税务人员代为开具，依法应当纳税的，在申请开具发票时缴纳应缴的税款	采用预收货款、托收承付或委托银行收款结算方式的，开具时间为货物发出当天；采用交款提货结算方式的，为收到货款当天；采用赊销、分期付款结算方式的，为合同约定的收款日期当天；将货物交付他人代销，为收到受托人送交的代销清单的当天；将货物作为投资提供给其他单位或个体经营者，为货物移送的当天；将货物分配给股东，为货物移送的当天
项目填写	项目填写齐全，全部联次一次性复写或打印；按号码顺序填开；在发票联加盖发票专用章或财务专用章；使用电子计算机开具发票的，须经税务机关批准，使用税务机关监制的机外发票，开具后的存根联应按顺序号装订成册	项目填写齐全，内容准确无误；按照规定的开具时限开具专用发票；全部联次一次性填开，上、下联的内容和金额要一致；发票联和抵扣联需加盖财务专用章或发票专用章

各种发票和资料的管理

发票的管理包括前面已经了解的领购与开具，还有就是保管。不仅要建章立制，设置台账，还要定期保存。一般来说，发票都需要归集整理，有的需要订本成册，比如取得的发票抵扣联；有的不需要订本成册，但都需要统一存档，负责保管的人会因为企业的规定不同而不同，有的企业由出纳保管，有的企业由会计保管。

已开具的发票存根联、发票登记簿及账册等保存5年，期满报经国税机关查验后销毁。其中，增值税专用发票要专人保管，最好放在保险柜里。若企业丢失了已取得的发票联，不得要求原开票方另行开具发票，应由丢失发票联的企业向原开票方出具证明，原开票方在查对存根联和记账联无误后，附原存根联和记账联的复印件，按原来的实际情况出具书面证明。

税务申报表在年终时装订保管；出纳会计要分类保管从银行购回的各种支票、票据及专用登记簿；应收账款会计及时整理各分管客户的资料，给客户开具的“发货单”和客户的“验收单”等要一一对应，每月与客户结完账后，“与客户对账表”需交给总账会计一份备案，自己留底的要与对应的“送货单”和“验收单”等整理归集，装订成册，不得遗失。

应收账款会计还要将每月统计的“客户销售税票登记表”按客户归类，年底汇总装订成册；税务会计要做到专用发票每出去一张都有客户签收，然后将客户开具的所有资料进行收集和保管；每月统计的“供应商税票登记表”按供应商归类，年底汇总装订成册。

提示：税务三法

税务三法指税收实体法、税收征管法和发票管理办法。税收实体法是规定税收法律关系主体的实体权利、义务的法律规范，其主要内容包括纳税主体、征税客体、计税依据、税目、税率和减免税等；税收征管法是指调整税收征收与管理过程中所发生的社会关系法律规范，包括国家权力机关制定的税收征管法律、国家权力机关授权行政机关制定的税收征管行政法规和有关税收征管的规章制度等；发票管理办法是加强发票管理和财务监督、保障国家税收收入并维护经济秩序的制度。

印花税是使用各种应税凭证的前提

印花税的完税标志是在应税凭证上粘贴印花税票。从某种程度上来说，经济活动中使用到的大部分凭证，都需要申报印花税后才能使用。

在中华人民共和国境内书立、领受《中华人民共和国印花税暂行条例》所列举凭证的单位和个人，都是印花税的纳税义务人，应当按照规定缴纳印花税。具体有：立合同人、立据人、立账簿人、领受人和使用人。下面来看看哪些凭证需要进行印花税纳税申报，如表1-6所示。

表 1-6

类型	具体凭证
合同类	购销合同、货物运输合同、加工承揽合同、仓储保管合同、建筑工程勘察设计合同、建筑安装工程承包合同、财产租赁合同、财产保险合同、借款合同及技术合同等，纳税人为立合同人
产权转让书据	包括财产所有权、版权、商标专用权、专利权、专有技术使用权、土地使用权出让合同及商品房销售合同等，纳税人为立据人
营业账簿	生产、经营用到的账簿，如资金账簿和其他营业账簿，纳税人为立账簿人
权利、许可证照	包括政府部门发给的房屋产权证、工商营业执照、商标注册证、专利证和土地使用证等，纳税人为领受人
其他	经财政部确定的其他凭证，纳税人一般为凭证使用人

虽然印花税是使用各种应税凭证的前提，但也有一些凭证是可以暂免征收印花税或可以免征印花税的，具体内容如表1-7所示。

表 1-7

类型	具体凭证
可暂免征收印花税	1．农林作物、牧业畜类保险合同； 2．书、报、刊发行单位之间和发行单位与订阅单位、个人之间书立的凭证； 3．买卖证券、投资基金单位获得的凭证； 4．经国务院和省级人民政府决定或批准进行政企脱钩、对企业（集团）进行改组和改变管理体制、变更企业隶属关系，国有企业改制、盘活国有企业资产，发生的国有股权无偿划转行为； 5．个人销售、购买住房

续表

类型	具体凭证
可以免征印花税	1．已经缴纳印花税的凭证副本、抄本，但视同正本使用的除外； 2．财产所有人将财产赠给政府、抚养孤老伤残人员的社会福利单位或学校所立的书据； 3．国家指定的收购部门、村民委员会及农民个人书立的农副产品收购合同； 4．无息、贴息贷款合同； 5．外国政府或国际金融组织向中国政府或国家金融机构提供优惠贷款所书立的合同； 6．企业因改制而签订的产权转移书据； 7．农民专业合作社与本社成员签订的农业产品和农业生产资料的购销合同； 8．个人出租、承租住房签订的租赁合同，廉租住房、经济适用住房经营管理单位与廉租住房、经济适用住房有关的凭证，购买廉租住房、经济适用住房的有关凭证

纳税人与税务的关系

随着纳税人性质不同，日常工作中要处理的税务也会存在差异。目前国内两大纳税人主体分别是增值税一般纳税人和增值税小规模纳税人，企业自身需要了解这两类纳税人在税务处理上具体有哪些不同之处，为处理税务做好准备工作。

一般纳税人和小规模纳税人

国家财政部通过年应征增值税销售额对一般纳税人和小规模纳税人的划分制定了统一的标准。一般纳税人是指年应征增值税销售额超过财政部规定的小规模纳税人标准的企业或企业性单位，其余就是小规模纳税人。两者的具体区别如表1-8所示。

表 1-8

区别	一般纳税人	小规模纳税人
认定条件不同	主要从事生产或提供应税劳务(特指加工、修理修配劳务)的，年销售额在 50 万元以上；主要从事货物批发零售的，年销售额在 80 万元以上；工业企业年销售额在 50 万元以上；商品流通企业年销售额在 80 万元以上	主要从事生产或提供应税劳务(特指加工、修理修配劳务)的，年销售额在 50 万元以下；主要从事货物批发零售的，年销售额在 80 万元以下；工业企业年销售额在 50 万元以下；商品流通企业年销售额在 80 万元以下
发票不同	销售和购买时均可使用普通发票或增值税专用发票；收取增值税专用发票后，按价款部分计入成本，部分计入“应交税费——应交增值税（进项税额）”	销售时只能使用普通票，购买时可收取普通票或增值税专用发票；收取增值税专用发票后，按价款的全部计入成本
税率不同	0、13% 和 17% 等，免税除外	3%、6% 等，免税除外
进项抵扣	进项税可以抵扣	进项税不能抵扣
税金计算方法不同	按“抵扣制”计算税金，即按销项税额减进项税额后的余额交税	按“销售收入 ÷（1 ＋适用税率）× 税率”的方式计算应交税金

企业管理者需要注意，在经营过程中，企业可能面临不得不转换纳税人身份的问题，如连续12个月营业额发生重大变化。企业开始的时候是小规模纳税人，随着市场的开拓就要关注连续12个月的销售额是否会达到上述销售额的标准，如果预计下个月起，连续12个月的销售额可能达到规定的销售额标准，则应及时办理增值税一般纳税人相关手续。

税法规定，纳税人年应税销售额超过规定标准应办理一般纳税人资格登记手续而未办理的，经税务机关下达税务事项通知书后，逾期仍不办理的，将按销售额依照增值税适用税率计算应纳税额，不得抵扣进项税额，也不得使用增值税专用发票。

企业为小规模纳税人时，含税销售额根据3%的征收率计算“应交税费——应交增值税”。但若转换为一般纳税人，就会发生3个方面的变化。

- ◆ 从使用普通发票变为使用增值税专用发票，开具发票时需要价税分离。
- ◆ 使用的会计科目会发生重大变化，从“应交税费——应交增值税”二级核算到“应交税费——应交增值税”的三级明细核算，涉及进项税额、销项税额、进项税额转出及转出未交增值税等。
- ◆ 纳税人从采购货物到接受服务，都要有索取增值税专用发票的意识，取得增值税专用发票作为抵扣的凭证。

税负转嫁方式

税负转嫁即税款责任的转移，是企业在市场中运行并经营而不得不知晓的问题。税负转嫁总共有4种方式，前转嫁、后转嫁、散转嫁和税收资本化。通过税负转嫁，最终承担税负责任的对象会发生变化，如表1-9所示。

表 1-9

方式	具体转嫁过程
前转嫁	又称顺转嫁，纳税人通过交易活动将税款附加在价格上，顺着价格运动方向向前转移给商品购买者负担。当购买者为个体消费者时，转嫁会一次性完成；当购买者为经营者时，会发生辗转向前转嫁的现象，分多次完成转嫁，称为滚动式前转。而无论哪种情况，最终税负的承担者都是消费者
后转嫁	又称逆转嫁，纳税人通过压低购进商品（劳务）的价格，将其缴纳的税款冲抵价格的一部分，逆着价格运动方向转移给销售者负担，属于买方向卖方转嫁税负。当销售者无法再向后转嫁时，该销售者就是税负的最终承担者，转嫁一次性完成；当销售者能继续向后转嫁时，税负的最终承担者为其他销售者。其税负流向与图 1-10 所示的刚好相反
散转嫁	又称混合转嫁，纳税人将其缴纳的税款一部分采取前转嫁，一部分采取后转嫁，使税负不归于一人而分散给多人负担，属于纳税人向买方和卖方同时转嫁。散转嫁也可能一次或多次完成，而且还会因为供求关系、纳税人对商品和原材料市场的垄断及控制状况等变化而发生改变。通常情况下，前转嫁和后转嫁的税款比例及能够转移的额度都是不稳定的

续表

方式	具体转嫁过程
税收资本化	是后转嫁的一种特殊形式，纳税人在购买不动产或有价证券时，将以后应纳的税款在买价中预先扣除，名义上是买方按期缴税，实际上是卖方承担了税负。当然，税收资本化是有条件的，首先，交易的财产必须具有资本价值，可长时间使用，并有年利或租金，如房屋和土地等；其次，冲抵资本的价值可能获取的利益应与转移的税负相同或相近

如图1-10所示的是前转嫁方式税负流向，后转嫁税负流向与此相反。

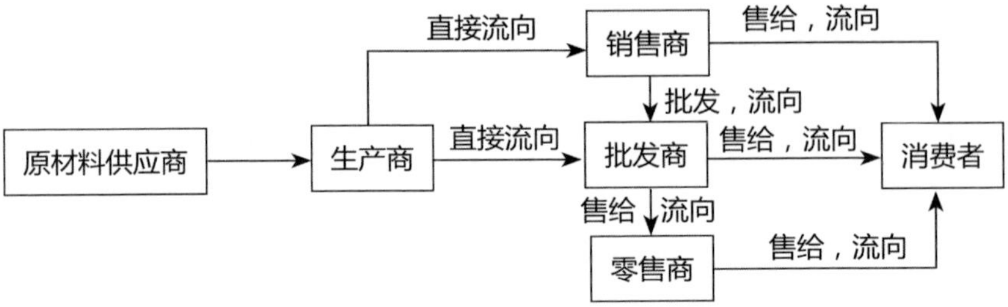

图1-10

你不得不知的“营改增”

“营改增”是我国税法中变动最大的部分，这一措施解决了不少纳税企业的经营难题，让很多企业在这一政策下获益。所以，企业要了解“营改增”的相关事宜以及“营改增”后税务处理的变化情况。

“营改增”涉及的范围和税率

“营改增”是营业税改征增值税的简称，主要涉及的范围是交通运输业和部分现代服务业。交通运输业包括：陆路运输、水路运输、航空运输和管道运输；现代服务业包括：研发和技术服务、信息技术服务、文化创意服务、物流辅助服务、有形动产租赁服务和鉴证咨询服务等。到2016年年底，“营改增”的范围进一步扩大，涉及大部分行业和地区，比如，建筑业、金融业、物流业和销售服务业等。

“营改增”后，增值税增加了6%（服务业）和11%（交通运输业）这两档低税率。在实际的纳税工作中，交通运输业的增值税税率水平基本在11%~15%之间，而现代服务业的增值税税率水平基本在6%~10%之间。

除此之外，广告代理业也在“营改增”的范围内，适用税率为6%。主要是利用图书、报纸、杂志、广播、电视、电影、幻灯、路牌、招贴、橱窗、霓虹灯、灯箱和互联网等各种形式作为客户的商品、经营服务项目、文体节目、通告及声明等委托事项进行宣传并提供相关服务的业务活动，包括广告的策划、设计、制作、发布、播映、宣传和展示等。

“营改增”的特点和应纳税额计算规则

“营改增”的最大特点是减少重复征税。这样可以促使社会形成更好的良性循环，有利于企业降低税负，是一种减税政策。

当前经济形势下，全面实施“营改增”可以促进有效投资带动供给，以供给带动需求。对企业来说，减少税负就能有效提高盈利能力，就有可能进一步推进转型发展。

“营改增”避免了营业税重复征税、不能抵扣和不能退税等弊端，实现了增值税“道道征税，层层抵扣”的目的。而“营改增”后，企业的应纳税额有不同的计算规则，比如，一般纳税人和小规模纳税人的应纳税额计算规则有明显的不同，如表1-10所示。

表 1-10

项目	一般纳税人	小规模纳税人
应纳税额计算规则	可按取得的增值税专用发票计算抵扣进项税额，若取得外地或本市非试点纳税人的、原属于营业税可差额征收范围的发票，可按发票金额在销售额中扣除；若取得税务机关代开的专用发票，可按发票注明的税款抵扣销项税额	1. 交通运输业、国际货运代理业务纳税人，取得的外省市和本市非试点纳税人的、原属于营业税可差额征收范围的发票，可按发票金额在销售额中扣除； 2. 其他行业若取得外省市和本市非试点纳税人的、原属于营业税可差额征收范围的发票，也可按发票金额在销售额中扣除
其他	取得的本市试点一般纳税人或试点小规模纳税人的发票，不可扣除销售额	

另外，除了新增的6%和11%两档低税率外，在一些行业中也采用特定的征收税率，比如，建筑业一般纳税人征收11%的增值税，小规模纳税人可选择简易计税方法征收3%的增值税；房地产开发企业征收11%的增值税，个人将购买不足两年的住房对外销售，按照5%的征收率全额缴纳增值税，个人将购买两年（含）以上的住房对外销售则免征增值税；生活服务业征收税率为6%，免税项目有托儿所、幼儿园提供的保育和教育服务及养老机构提供的养老服务等；金融业征收税率为6%，免税项目有金融机构农户小额贷款、国家助学贷款、国债、地方政府债、人民银行对金融机构的贷款等的利息收入。

“营改增”后，纳税义务发生时间的确定

《营业税改征增值税试点实施办法》第四十五条对增值税纳税义务、扣缴义务发生时间进行了明确的规定。下面介绍具体内容，并对其中部分内容进行相应解读。

内容一：纳税人发生应税行为并收讫销售款项或取得索取销售款项凭据的当天；先开具发票的，为开具发票的当天。收讫销售款项，是指纳税

人销售服务、无形资产、不动产过程中或者完成后收到款项。取得索取销售款项凭据的当天，是指书面合同确定的付款日期；未签订书面合同或书面合同未确定付款日期的，为应税服务、无形资产转让完成的当天或者不动产权属变更的当天。

解读：针对“收讫销售款项，是指纳税人销售服务、无形资产、不动产过程中或者完成后收到款项”，确认应税行为纳税义务发生时间应以发生应税行为为前提；除了提供建筑服务、租赁服务等采取预收款方式外，在发生应税行为之前取得的款项不属于收讫销售款项，不能按照该时间确认纳税义务发生。

纳税人发生应税行为，由于增值税实行凭专用发票抵扣税款的方法，购买方在取得销售方开具的专用发票后，即使还没有向销售方支付相关款项，仍然可以按照有关规定凭专用发票抵扣进项税额。因此，如果再以收讫销售款项或取得索取销售款项凭据的当天作为销售方的纳税义务发生时间，就会造成增值税的征收与抵扣脱节，即销售方还没有申报纳税，购买方就已经提前抵扣了税款。

内容二：纳税人提供建筑服务、租赁服务采取预收款方式的，其纳税义务发生时间为收到预收款的当天。

解读：针对“提供建筑服务、租赁服务采取的预售款方式，纳税义务发生时间为收到预收款当天”。比如，某试点纳税人出租一辆小轿车，租金为5000元/月，但出租轿车的车主预收了租用轿车的人一年的租金，共计60000元，则出租轿车的人应在收到60000元租金的当天确认纳税义务发生，并按60000元确认收入和所应缴纳的税款。

内容三：纳税人从事金融商品转让的，为金融商品所有权转移的当天。

内容四：纳税人发生本办法第十四条规定情形的，其纳税义务发生时间为服务、无形资产能让完成的当天或者不动产权属变更的当天。

解读：针对“其纳税义务发生时间为服务、无形资产转让完成的当天或者不动产权属变更的当天”。除以公益活动为目的或以社会公众为对象外，向其他单位或个人无偿提供服务的以及向其他单位或个人无偿转让无形资产或不动产的，应视同发生应税行为缴纳增值税。由于无偿提供应税服务、无偿转让无形资产或不动产不存在收讫销售款或取得索取销售款项凭证的情况，因此，其纳税义务发生时间确定为应税行为完成的当天。

内容五：增值税扣缴义务发生时间为纳税人增值税纳税义务发生的当天。

改革前的业务改革后如何开具发票

2016年5月1日“营改增”试点全面推开，但企业的业务并不会因为这一变化而前后断开，“营改增”发票如何衔接，改革前的业务如何在改革后开具发票成了企业关注的热点。

（1）普通发票可使用至2016年6月30日

小规模纳税人在地税机关领取的普通发票，2016年4月30日未使用完毕的，可继续使用至2016年6月30日；2016年6月30日仍未使用完毕的，7月1日起需到地税机关办理发票缴销手续。

（2）已申报营业税未开具发票的，可于2016年年底前补开增值税普票

根据《国家税务总局关于全面推开营业税改征增值税试点有关税收征收管理事项的公告》（国家税务总局公告2016年第23号）的规定，自2016年5月1日起，地税机关不再向试点纳税人发放发票，但已经领取的地税机关印制的发票可继续使用至2016年6月30日。

企业在地税机关已申报营业税未开具发票的，且2016年5月1日后需要补开发票的，可于2016年12月31日前开具增值税普通发票（税务总局另有规定的除外），但对于房地产企业在时间上的规定有所放宽。根据《国家

税务总局关于发布〈房地产开发企业销售自行开发的房地产项目增值税征收管理暂行办法〉的公告》（国家税务总局公告2016年第18号）的规定，小规模纳税人销售自行开发的房地产项目，2016年4月30日前收取并已向主管地税机关申报缴纳营业税的预收款，未开具营业税发票的，可以开具增值税普通发票，不得申请代开增值税专用发票，没有开具增值税普通发票的时间限制。

（3）建筑业“总分包”营业税发票在期限内可抵扣

2016年5月1日，建筑业全面纳入“营改增”的试点范围。根据《国家税务总局关于发布〈纳税人跨县（市、区）提供建筑服务增值税征收管理暂行办法〉的公告》（国家税务总局公告2016年第17号）的规定，纳税人跨县（市、区）提供建筑服务的，按以下公式计算应预缴税款。适用一般计税方法计税的，应预缴税款=（全部价款和价外费用－支付的分包款）÷（1＋11%）×2%；适用简易计税方法计税的，应预缴税款=（全部价款和价外费用－支付的分包款）÷（1＋3%）×3%。

纳税人按照上述规定从取得的全部价款和价外费用中扣除支付的分包款，前提应当取得符合法律、行政法规和国家税务总局规定的合法有效凭证，否则不得扣除分包费。这些凭证有：一、从分包方取得的2016年4月30日前开具的建筑业营业税发票，在2016年6月30日前可作为预缴税款的扣除凭证，过期无效；二、从分包方取得的2016年5月1日后开具的，备注栏注明建筑服务发生地所在县（市、区）项目名称的增值税发票；三、国家税务总局规定的其他凭证。

（4）“营改增”后个人出租房屋仍可到地税机关开票

根据《国家税务总局关于营业税改征增值税委托地税机关代征税款和代开增值税发票的公告》（国家税务总局公告2016年第19号）的规定，“营改增”后由地税机关继续受理其他个人出租不动产的申报缴税和代开增值税发票业务，以方便纳税人办税。

这里的其他个人是指自然人，即“营改增”后，个人出租房屋和以前一样，可以到房屋所在地地税机关代开房租发票，不过拿到手的不再是地税发票，而是由国家税务总局监制的增值税普通发票或增值税专用发票。发票的左上角有“代开”字样，“销售方”栏中将有代开单位的相关信息，备注栏中有出租方的个人信息和房屋的详细地址。

“营改增”后税率易错的37种应税行为

“营改增”后，国家对部分行业的特定业务在纳税上作了特别的规定，比如有形动产融资性售后回租，不按“有形动产租赁服务”17%纳税，而按“贷款服务”6%纳税，且“贷款服务”属于不可抵扣范围。而税率易错的应税行为达到37种，下面通过表1-11了解这些应税行为。

表 1-11

特定经营行为	纳税规定	税率	辨析
无运输工具承运业务	按交通运输服务纳税	11%	不按代理业 6%
货物运输代理	按经纪代理业纳税	6%	不按交通运输 11%
出租车公司向使用本公司自有出租车的司机收取的管理费用	按陆路运输服务纳税	11%	不按动产经营租赁 17%，也不按管理服务 6%
程租、期租、湿租	按交通运输业纳税	11%	不按动产租赁业 17%
光租、干租	按租赁业——不动产租赁纳税	17%	不按交通运输业 11%
航空海洋监测	按物流辅助业纳税	6%	不按交通运输业 11%
邮政代理	按邮政服务纳税	11%	不按代理业 6%
邮政汇兑	按邮政服务纳税	11%	不按金融业 6%

续表

特定经营行为	纳税规定	税率	辨析
语音通话服务、出租或出售宽带、波长等网络元素业务	按基础电信服务纳税	11%	不按增值电信 6%
短信和彩信服务、电子数据和信息的传输及应用服务、互联网接入服务及卫星电视信号落地转接服务	按增值电信服务纳税	6%	不按基础电信 11%
固定电话、有线电视、宽带、水、电、煤气、暖气等经营者收取的安装费、初装费等	按安装服务纳税	11%	不按基础电信 11%，也不按增值电信 6%
生产设备、动力设备的安装	按建筑业中的安装服务纳税	11%	不按销售设备 17%
修理生产设备和动力设备等	按修理劳务纳税	17%	不按建筑业中修缮服务 11%
对建筑物、构筑物等进行修补	按建筑业中的修缮服务纳税	11%	不按设备修理业 17%
河流疏浚	按建筑业纳税	11%	不按航道疏浚 6%
航道疏浚	按照现代服务 - 物流辅助服务 - 港口码头服务纳税	6%	不按河道疏浚 11%
融资性售后回租	按贷款服务纳税	6%	不按经营租赁业 17% 或 11% 纳税
以货币资金投资收取的固定或保底利润	按贷款服务纳税	6%	不按投资业务纳税
非货物期货（如股指期货）	按金融业纳税	6%	不按期货 17%
转让其他金融商品	按金融业纳税	6%	不按商品 17%
工程勘察勘探服务	按研发和技术服务纳税	6%	不按建筑业工程服务 11%
仓储	按物流辅助服务纳税	6%	不按不动产租赁 11%

续表

特定经营行为	纳税规定	税率	辨析
仓库租赁	按不动产租赁纳税	11%	不按物流辅助服务 6%
装卸搬运、收派（同城快递）、港口码头和货运场站等服务	按物流辅助服务纳税	6%	不按交通运输业 11%
建筑物、构筑物的广告位出租	按不动产经营租赁纳税	11%	不按广告服务 6%
飞机、汽车挂广告位出租	按动产经营租赁纳税	17%	
车辆停放服务 道路通行服务（过路费、过桥费及过闸费）	按不动产经营租赁纳税	11%	不按港口码头服务 6% 不按交通运输 11%
工程监理、工程造价鉴证	按鉴证咨询服务纳税	6%	不按建筑业工程服务 11%
图书馆图书资料借阅	按文化服务纳税	6%	不按销售图书 13%
书店图书出售	按销售图书纳税	13%	
医院提供的药品	按医疗服务纳税	6%	不按药店销售药品 17%
酒店专车服务	按交通运输服务纳税	11%	不按有形动产租赁 17%
绿化公司提供的设计、苗木和施工等	按建筑服务——其他建筑服务纳税	11%	不按文化创意服务——设计服务 6%
为体育比赛提供场所	按不动产租赁业纳税	11%	不按文化体育业 6%
酒店长租	按餐饮住宿服务纳税	6%	不按不动产经营租赁 11%
混合货物生产、销售的安装服务	按销售货物纳税	17% 或 13%	不按建筑业——安装 11%
应税服务中销售货物	按应税服务纳税	11% 或 6%	不按销售货物 13% 或 17%

Chapter

02

税务处理前先做税务筹划

OPTIONS

【本章要点】

进行税务筹划的必要性与意义

税务筹划指在税法规定的范围内，通过对经营、投资和理财等活动的事先筹划和安排，尽可能地获得“节税”的税收利益。因此，对于企业来说，进行税务筹划是很有好处的，也是很有必要的。

税务筹划具有合法性、筹划性、目的性、风险性和专业性等特点，是纳税人获得税收最大利益的筹划方法。通过税务筹划，企业可以达到合理节税或避税的目的。由于节税或避税可以间接增加企业的盈利，所以管理者们乐于采用节税避税方式，比如税务筹划。这就体现了企业进行税务筹划的必要性。

第一，在工作中，企业常常会遇到如下所示的一些情形，使得企业不得不进行税务筹划。

- 公司要交的税种很多，负担非常重，公司管理层希望财务部门能想办法降低税负。
- 业务部门签订的合同没有明确由境外收款方承担税负，结果在对外支付时，公司不得不为这部分税款埋单，额外增加了成本。
- 税务知识较专业，一般财务人员不能很好地掌握，且税收政策经常变化，新的规定越来越难读懂。
- 很多企业知道有“税务筹划”这一说法，但并不了解税务筹划到底要怎么做，做些什么。

第二，自中国加入WTO以来，企业竞争日益国际化，税务筹划的意义更重大。通过各种税务筹划方法使企业整体税负水平降低，从而增加盈利水平，让企业在国际环境中具备更强的竞争力。

第三，实施税务筹划是企业产权清晰化的客观要求。在国内企业市场化改革、股份制改造深化和参与国际竞争的大背景下，中国企业一旦作为独立的个体，就必然要构造清晰的产权机制和强大的动力机制，其中有效方法之一就是进行税务筹划。

第四，企业的财务机制需要完善。税收支出相当于企业的外部支出，通过筹划来加以控制，可有效降低企业的运营成本。

第五，外资企业强烈的税务筹划意识推动国内企业进行税务筹划。改革开放以后，大量外资涌入国内，且涉外企业不断增加，引发了一系列国际税收管辖权的冲突与协调，需要国家宏观调控，在一定程度上加大了国内企业为维护自身权益、增强竞争力而进行税务筹划的需求。

第六，税务具有针对性，不同的纳税人通过税务筹划找到适合其自身的纳税方式和税率等来达到其各自的目的。比如，企业根据负债和所有者权益的情况，利用税收筹划来优化投资结构；企业根据纳税义务规定，通过税收筹划来选择合适的机构设置；企业根据纳税的高低，通过税务筹划来选择不同的经营方式，从而达到节税或合理避税的目的等。

第七，从理论上来说，只有完善而全面的税法细则配合认真实施工作，才可能避免或消除纳税人的节税行为。而事实上，现代经济条件下，税法不仅有组织稳定的财政收入职能，还有宏观调控效应，无论多么健全严密的税制都存在不足和漏洞，给纳税人提供了众多税务筹划机会。

但是在实际操作过程中，很多企业怀疑税务筹划工作的必要性，主要是因为税务筹划往往没有达到预期的效果，这其实与税务筹划成本和税务筹划风险有关，具体内容如表2-1所示。

表 2-1

项目	解释
税务筹划成本	指由于采用税收筹划方案而增加的成本，包括显性成本和隐性成本，比如聘请专业人员进行税务筹划时支出的费用、采用一种税收筹划方案而放弃另一种税收筹划方案所导致的机会成本等
税务筹划风险	对税收政策理解不准确或操作不当，而在不自觉情况下采用了，从而导致企业税负不减反增的方案，或触犯法律而受到税务机关的处罚等，都可能使得税收筹划的结果背离预期的效果

因此，企业在进行税务筹划工作时，不仅要了解其必要性，还要考虑其中的成本、风险和税务筹划的专业性，这样才能体现税务的筹划效果。

税务筹划具体要做的事

税务筹划是一项不容易具体化的工作，所以很多企业在没有搞清楚税务筹划究竟要做什么的情况下就盲目进行税务筹划，导致税务筹划工作并没有发挥效用，以至于企业开始怀疑税务筹划的必要性。下面就来认真学习税务筹划要做的事。

税务筹划的具体内容

严格来说，税务筹划的具体内容包括4点：节税、避税、逃税和偷税，但因为逃税和偷税是违法行为，所以企业在进行税务筹划时，应杜绝逃税和偷税的行为。

为了防止出现违法行为的情况，企业需要了解什么是逃税，什么是偷税，如表2-2所示的是逃税、偷税的具体内容。

表 2-2

逃税	偷税
纳税人故意违反税收法律法规，采取欺骗和隐瞒等方式逃避纳税的行为	纳税人伪造（设立虚假的账簿、记账凭证）、变造（对账簿、记账凭证进行挖补、涂改等）、隐匿、擅自销毁账簿和记账凭证、在账簿上多列支出（以冲抵或减少实际收入）、不列或少列收入、经税务机关通知申报而仍然拒不申报或进行虚假纳税申报以及不缴或少缴应纳税款等行为

对于偷税行为，税务机关一经发现，应当追缴其不缴或少缴的税款和滞纳金，并依照税收征管法的有关规定追究其相应的法律责任。构成偷税罪的，应当依法追究刑事责任。逃税与偷税的概念基本相同，我国有关法律的规定中没有“逃税”的概念，一般将其归入偷税的范围加以处罚。

所以，企业税务筹划工作的主要内容是节税与避税，如表2-3所示的是节税与避税的一般行为。

表 2-3

对比项	节税	避税
行为特征与特点	即节减税收，是纳税人利用税法的政策导向性，采取合法手段减少应纳税款的行为。纳税人在多种营利的经济活动方式中选择税负最轻或税收优惠最多的方式，达到减少税收的目的，具有合法性、政策导向性、策划性和倡导性	纳税人利用税法的漏洞、特例或其他不足之处，采取非违法的手段减少应纳税款的行为。它具有非违法性、策划性、权利性、规范性和非倡导性的特点
行为的合法性	节税在一切国家都是合法的，也是正当的现象，比如企业经营组织的选择不同，其纳税规定就不同，应交税款也会相应不同。企业出于税务动机而选择有利于自身企业的经营方式	这是纳税人使用的一种在表面上遵守税收法律法规，但实质上与立法意图相悖的非违法形式的税务筹划，所以避税被称为“合法的逃税”

找准税务筹划的切入点

仅仅了解税务筹划的内容还不能指导企业进行具体的税务筹划工作，为了避免税务筹划发挥不了作用的情况发生，企业要找准税务筹划切入点。

（1）选择大税种

从原则上说，税务筹划针对一切税种，但由于不同税种的性质不同，税务筹划的途径、方法和收益也会不同。实际操作过程中，要选择对决策有重大影响的税种作为税务筹划的重点，比如，税负弹性大的增值税、消费税或企业所得税等。税负弹性越大，税务筹划的潜力就越大。

一般来说，税源大的税种税负伸缩弹性大，因此，税务筹划要瞄准主要税种。另外，税负弹性还取决于税种的要素构成，如税基、扣除项目、税率和税收优惠等。税基越宽，税率越高，税负就越重；税收扣除越大，税收优惠越多，税负就越轻。因此，可以将税务筹划重点放在税基窄或税收扣除大的税种上。

（2）税收优惠政策

税收优惠是税制设计的重点，国家为了实现税收调节功能，一般在税种设计时都设有税收优惠条款，比如，农、林、牧、渔业中，企业从事中药材的种植、农作物新品种的选育或林木的培育及种植等，可免征企业所得税以及三免三减半政策等。

企业若充分利用税收优惠条款，就可享受节税效益。因此，用好、用足税收优惠政策本身就是税务筹划的过程。而选择税收优惠政策作为税务筹划突破口时，应注意两个问题：一是纳税人不得曲解税收优惠条款而滥用税收优惠，以欺骗手段骗取税收优惠；二是纳税人应充分了解税收优惠条款，并按规定程序进行申请，避免因程序不当而失去应有的权益。

某省国税局稽查局在2016年查出13户企业在无真实货物交易的情况下，给福建、贵州等多个省的48家企业虚开增值税专用发票3000多份，虚开金额3.58亿元，税额为4300万元左右。而为了掩盖虚开增值税专用发票的犯罪行为，他们又虚构农产品收购业务，对自己虚开的农产品收购发票6000多份，虚抵进项税额接近4000万元。这样一来，实际缴纳的税款减少了很多。

（3）以纳税人的构成为切入点

按照我国税法规定，凡不属于某税种的纳税人，就不需缴纳该项税收。因此，企业进行税务筹划之前，首先要考虑能否避开成为某税种的纳税人，进而从根本上解决减轻税收负担问题。

比如，在1994年开始实施的增值税和营业税暂行条例的规定下，企业宁愿选择作为增值税一般纳税人而非增值税小规模纳税人，因为增值税一般纳税人的总体税负比增值税小规模纳税人的总体税负轻。但这并不是绝对的，在实践中要做全面综合的考虑，进行利弊分析。

（4）以财务管理环节和阶段为切入点

企业的筹资管理、投资管理、资金运营管理和收益分配管理等过程都有税务筹划的工作要做。比如，按照税法规定，负债的利息作为所得税的扣除项目，享有所得税利益，而股息支付只能在企业税后利润中分配，因此，债务资本筹资就有节税优势。又如，通过融资租赁可迅速获得所需资产，保存企业的举债能力，且支付的租金利息也可按规定在所得税前扣除，减少了纳税基数，更重要的是租入的固定资产可以计提折旧，从而进一步减少了企业的纳税基数，因此，融资租赁的税收抵免作用极其显著。

投资管理阶段，投资地点选在低税率地区（如实施新企业所得税法以前可选择沿海开发区、高新技术开发区和国家鼓励的西部等地区）可享受税收优惠；考虑不同投资方式实际效益和收购亏损企业可带来所得税的降低；选择投资项目时，国家鼓励的投资项目和国家限制的投资项目之间在税收支出上有很大差异；不同的企业组织形式所适用的税率是不同的。

经营管理阶段，不同的固定资产折旧方法使各期计提的折旧费用相差很大，从而影响各期利润和应纳税所得额。一般来说，物价持续下降时，采用先进先出法计算的成本较高，利润相对减少；反之，如能采用后进先出法，则可相对降低企业的所得税负担。采购时，采购对象是不是一般纳税人对税负也有很大的影响。

掌握方法进行税务筹划

税务筹划的方法很多，且实践中一般是多种方法结合使用。掌握税务筹划的方法可以更有效地帮助企业达到节税和避税的目的，为税务筹划工作提供有力的“技术”支持，下面就来详细了解税收优惠政策法和纳税期的递延法等5种方法。

税收优惠政策法

税收优惠政策法指纳税人凭借国家税法规定的优惠政策进行税务筹划。通常是一些特殊的规定，如国家为了扶持某些特定产业、行业或地区产品等的发展而对有困难的纳税人给予照顾，包括免除应缴的全部或部分税款，或按缴纳税款的一定比例返还等，从而减轻纳税人的税收负担。税收优惠政策法还可以做一些细分，具体如表2-4所示。

表 2-4

方法	介绍
直接利用筹划法	国家鼓励纳税人积极利用税收优惠政策法进行税务筹划，因为纳税人对税收优惠政策用得越多，越有利于国家特定政策目标的实现，进而从宏观上调控经济

续表

方法	介绍
地点流动筹划法	各国税收政策不同，如税率、税基、征税对象、纳税人、税收征管和税收优惠等差异，跨国纳税人可巧妙利用这些差异进行国际间的税务筹划，纳税人在国内可选择在优惠地区注册成立公司
创造条件筹划法	在实际的经济活动中，企业或个人的很多条件都符合税收优惠规定，但却因为某一点或某几点条件不符合而不能享受优惠待遇又或者企业或个人可能根本就不符合税收优惠条件，无法享受优惠待遇。这时，纳税人就得想办法创造条件使自己符合税收优惠规定，可以通过挂靠在某些能享受优惠待遇的企业、产业或行业，使自己符合优惠条件，从而享受优惠待遇

从税收构成要素的角度来思考，利用税收优惠政策进行税务筹划主要利用免税、减税、税率差异、分劈技术、税收扣除、税收抵免和退税等要素。然而，利用税收优惠政策进行税务筹划时，要注意以下事项。

首先，尽量挖掘信息源，多渠道获取税收优惠政策。一般来说，信息来源有税务机关、税务报纸杂志、税务网站、税务中介机构和税务专家等几个渠道。如表2-5所示的是一些著名的税务网站。

表 2-5

网站名称	网址
国家税务总局	http://www.chinatax.gov.cn/
中国税务网	http://www.ctax.org.cn/
中华财税网	http://www.chinaetax.com.cn/
中税网	http://www.taxchina.com/
中国税务报	http://www.ctaxnews.com.cn/

其次，充分利用税收优惠政策。有条件的尽量利用，没有条件或某些条件不符合的，要创造条件利用。比如，经营农产品的企业能够利用农业品免征企业所得税来进行税务筹划，高新技术企业自行研发的软件产品实

际税负超过3%的部分，增值税即征即退等。

最后，尽量与税务机关保持良好的沟通。在税务筹划过程中，最核心的一环便是获得税务机关的承认，再好的方案，没有税务机关的承认都将没有任何意义，不会给企业带来任何经济利益。

提示：什么是分劈技术

分劈技术是在合法、合理的情况下，使企业所得财产在两个或更多个纳税人之间进行分劈而直接节税的税务筹划技术。比如，应税所得额在30万元以下的适用税率是20%，应税所得额超过30万元的，适用税率为25%。某企业应税所得额50万元，则按25%的税率纳税，应纳所得税为12.5万元（50万元×25%）。但是，如果企业在不影响生产经营的情况下平均分为两个企业，则应纳所得税为10万元（25×20%×2），节减所得税2.5万元（12.5−10）。

纳税期的递延法

利用延期纳税筹划是指在合法、合理的情况下，纳税人延期缴纳税收从而达到节税目的的税务筹划方法。纳税人延期缴纳本期税收并不能减少其纳税绝对总额，但相当于得到一笔无息贷款，可增加纳税人本期的现金流量，使纳税人在本期有更多的资金扩大流动资本用于资本投资。由于货币有时间价值，即今天多投入的资金可产生收益，使将来能获得更多的税后所得，相对节减税收。因此，纳税期的递延法有利于企业资金周转，节省利息支出，且由于通货膨胀的影响，延期以后缴纳的税款必定下降，从而降低了实际纳税额。

企业实现递延纳税的一个重要途径是采取有利的会计处理方法，对暂时性差异进行处理，使当期的会计所得大于应纳税所得，进而出现递延所得税负债，即可实现纳税期的递延，获得税收利益。

例如，某家具公司2015年、2016年的利润总额分别为150万元、250万元，企业办公室有一项原值为20万元的管理用固定资产，使用年限为两年，会计规定2015年、2016年的折旧额分别为10万元、10万元，税法规定2015年、2016年的折旧额分别为12万元、8万元。假设企业所得税率为25%，没有其他调整项。所以，企业2015年时，会计上少抵减2万元的管理费用，对应企业应纳税所得额为148万元（150－2），应交企业所得税为37万元（148×25%），递延所得税负债为0.5万元（150×25%－37）；同理，该公司2016年的递延所得税负债为－0.5万元（250×25%－252×25%），即递延所得税负债在借方。这一方法是当前期少缴，以后多缴。

延期纳税若能使纳税项目最多化、递延期最长化，则可达到节税最大化的目的。递延项目最多化是指在合理、合法的情况下，争取更多的项目延期纳税，在其他条件（包括一定时期纳税总额）相同的情况下，延期纳税的项目越多，本期缴纳的税收就越少，现金流量就越大，用于扩大流动资本和进行投资的资金也越多，因而相对节省的税收就越多；递延期最长化是指在合理、合法的情况下，尽量争取最长的纳税递延期，在其他条件（包括一定时期的纳税总额）相同的情况下，纳税递延期越长，由延期纳税增加的现金流量所产生的收益也将越多，因而相对节减的税收也越多。

转让定价筹划法

转让定价筹划法主要是关联企业之间通过不符合营业常规的交易形式进行的税务筹划。有经济联系的企业各方为了转移收入、均摊利润或转移利润而在交换或买卖过程中，不依照市场买卖规则和市场价格进行交易，根据他们之间的共同利益或为了最大限度地维护他们之间的收入进行产品或非产品的转让。根据双方的意愿，产品的转让价格可高于或低于市场上由供求关系决定的价格，以达到少纳税甚至不纳税的目的。

例如，在生产企业和商业企业承担的纳税负担不一致的情况下，若商业企业承担的税负高于生产企业，则有联系的商业企业和生产企业就可以通过某种契约形式，增加生产企业利润，减少商业企业利润，使他们共同承担的税负和各自承担的税负达到最少。如表2-6所示的是一些具体做法。

表 2-6

方式	做法
商品交易（压低或抬高定价）	有些实行高税率的企业，在向低税率的关联企业销售产品时，有意地压低产品的售价，将利润转移到关联企业
原材料及零部件购销（控制购销价格）	由母公司向子公司低价供应零部件产品，或由子公司高价向母公司出售零部件，以此降低子公司的产品成本，使其获得较高利润。又如，利用委托加工产品收回后直接出售的不再缴纳消费税的政策进行定价转让筹划
关联企业之间提供劳务（控制劳务的作价）	关联企业之间相互提供劳务时，通过高作价、低作价甚至不作价的方式收取劳务费用，使企业之间的利润根据需要进行转移，达到减轻税收负担的目的
无形资产价值评定困难	无形资产价值的评定没有统一标准，因此，关联企业可通过转让定价的方式调节利润，达到税收负担最小化的目的。如某企业将本企业的生产配方和商标权等无偿或低价提供给关联企业，不计或少计转让收入，但另外从对方的企业留利中获取好处
其他	利用租赁机器设备、管理费用等进行税务筹划

为保证转让定价法税务筹划的有效性，筹划时应注意：①进行成本效益分析；②价格的波动应控制在一定范围内，以防被税务机关调整而增加税负；③纳税人可以运用多种方法进行全方位的、系统的筹划安排。

税法漏洞筹划法

该方法属于避税筹划，即纳税人利用税法文字上的忽略或税收实务中征管方大大小小的漏洞进行筹划的方法。纳税人一般利用税法中的矛盾进行筹划，具体方法有如下两方面。

一方面，利用税务机构的设置不科学。目前，我国存在机构臃肿、人员冗余和办事效率低等还未彻底解决的问题，机构庞杂、人员众多并不能表明税收方面应设的机构都设置了，相反，许多不该设的机构依然存在，形成了机构内部协调失衡的问题，而这些正将为纳税人提供了避税的条件。

另一方面，利用税收管辖权进行筹划。在我国税收地域管辖的规定中，流转税和所得税两大主体税种都存在不足。如《中华人民共和国增值税暂行条例》第二十二条，主要是界定固定业户与非固定业户的纳税地点，却缺少许多必要的补充与限制，如对固定业户与非固定业户的判定标准及判定权的归属问题，这也是纳税人可进行税法漏洞筹划法的突破口。

同样，利用税法漏洞进行避税筹划时也要注意一些问题：一、需要精通财务与税务的专业化人才，这样才能根据实际情况参照税法而利用其漏洞进行筹划；二、操作人员应具有一定的纳税操作经验，只依据税法而不考虑征管方面的具体措施，筹划成功的可能性会很小；三、要有严格的财会纪律和保密措施，另外，筹划的隐蔽性保证了漏洞存在的相对稳定性；四、进行风险效益分析，在获取较大收益的前提下，尽量降低风险。

会计处理方法筹划法

纳税人利用会计处理方法的可选择性进行筹划，因为不同的会计处理方法对企业的财务状况有着不同的影响。不同的会计工作有不同的会计处理方法，下面详细介绍存货计价和固定资产折旧的税务筹划。

（1）存货计价的税务筹划

存货计价法有先进先出法、加权平均法、移动平均法、个别计价法、计划成本法、毛利率法和零售价法等，它们对货物的期末库存成本和销售成本的影响不同，继而影响当期应税所得额的大小，尤其是在物价持续上涨或下跌的情况下影响程度更大。

比如，在物价持续下跌的情况下，采用先进先出法，税负会降低；由于盈利企业的存货成本可最大限度地在本期所得额中税前抵扣，因此应选择能使本期成本最大化的计价方法；亏损企业选择计价方法应与亏损弥补情况相结合，选择的计价方法必须使不能得到或不能完全得到税前弥补的亏损年度的成本费用降低，使成本费用延迟到以后能够完全得到抵补的时期，从而保证成本费用的抵税效果得到最大限度的发挥。

如果企业正处于企业所得税的减税或免税期，就意味着企业获得的利润越多，得到的减免税额就越多。因此，应选择减免税优惠期间内存货成本最小化的计价方法，减少存货费用的当期摊入，扩大当期利润。相反，处于非税收优惠期间时，应选择使得存货成本最大化的计价方法，将当期的存货费用尽量扩大，以达到减少当期利润，推迟纳税期的目的。

（2）固定资产折旧的税务筹划

固定资产价值通过折旧形式转移到成本费用中，折旧额的多少取决于固定资产的计价、折旧年限和折旧方法。按照税法的规定，购入的固定资产按购入价加上包装费、运杂费、安装费及缴纳的税金后的价值计价。

由于折旧费用在未来较长时间内陆续计提，为降低本期税负，新增固定资产的入账价值要尽可能低。例如，成套的固定资产，其易损件、小配件可单独开票作为低值易耗品入账，因低值易耗品领用时可一次或分次直接计入当期费用，降低当期的应税所得额；在建工程则要尽可能早地转入固定资产，以便尽早提取折旧，若整体固定资产工期长，在完工部分已经投入使用时，对该部分最好分项决算，以便尽早计入固定资产账户。

固定资产折旧采用缩短折旧年限的方法有利于加速成本回收，使后期成本费用前移，从而使前期会计利润发生后移，在税率不变的情况下，可使企业所得税递延缴纳。需要注意的是，税法规定了最低的固定资产折旧年限，所以税务筹划不能突破折旧年限的最低要求。

若企业享受开办初期的减免税或受低税率照顾，在税率预期上升时购入的固定资产就不宜缩短折旧年限，避免将折旧费用提前到免税期间或低税期间实现，会减少企业享受税收优惠待遇。只有在税率预期下降时缩短折旧年限才能在实现货币时间价值的同时达到少纳税的目的。若企业所得税税率预期不会上升，采用加速折旧法可少缴企业所得税，尽快收回资金，加速资金周转。但税法规定，只有当企业的固定资产由于技术进步等原因确实需要加速折旧的，才能缩短折旧年限或采取加速折旧法。因此，纳税人应尽可能创造条件达到实行加速折旧法的要求。

税务筹划的步骤和思路

税务筹划也是一项严谨的工作，因此，需要企业员工或管理者按照一定的步骤和思路有序进行，保证税务筹划的有效性。

进行税务筹划的基本步骤

税务筹划有两项重要的前期工作，分别是理解法律法规的精神和了解税务机关对纳税活动“合法和合理”的界定。做好这两项前期工作，企业就可以争取税务机关的帮助与合作。而税务筹划真正开始的具体步骤如图2-1所示。

第一步：了解企业自身情况与要求，主要包括企业组织形式、财务情况、投资意向、对风险的态度、纳税历史情况、企业想要增加短期所得还是长期资本增值或者是既要求增加短期税收所得，又要求资本长期增值等。

第二步：税务筹划受托方收到委托方（要进行税务筹划的企业）的申请。

第三步：税务筹划受托方和委托方进行前期洽谈，明确税务筹划的目标。

第四步：税务筹划受托方进行现场调查，搜集资料，综合考虑自身的业务能力，决定是否接受企业的委托。

第五步：若接受企业的税务筹划委托，则双方签订委托合同。

第六步：税务筹划受托方（筹划人）制定税务筹划计划并实施。主要有分析纳税人（企业）业务背景、选择节税方法、进行法律可行性分析、计算应纳税额、各因素变动分析和敏感分析，在这过程中控制税务筹划计划的运行，经常、定期地对偏离计划的情况予以纠正，修订税务筹划计划。

图2-1

不同税种的税务筹划思路

企业在对不同税种进行税务筹划时，都有独特的思路指引税务筹划者顺利完成筹划工作。然而，不同的税种，其筹划思路不尽相同，具体可分为两方面：流转税和其他税种的税务筹划思路。如图2-2所示的是流转税和其他税种的税务筹划一般思路。

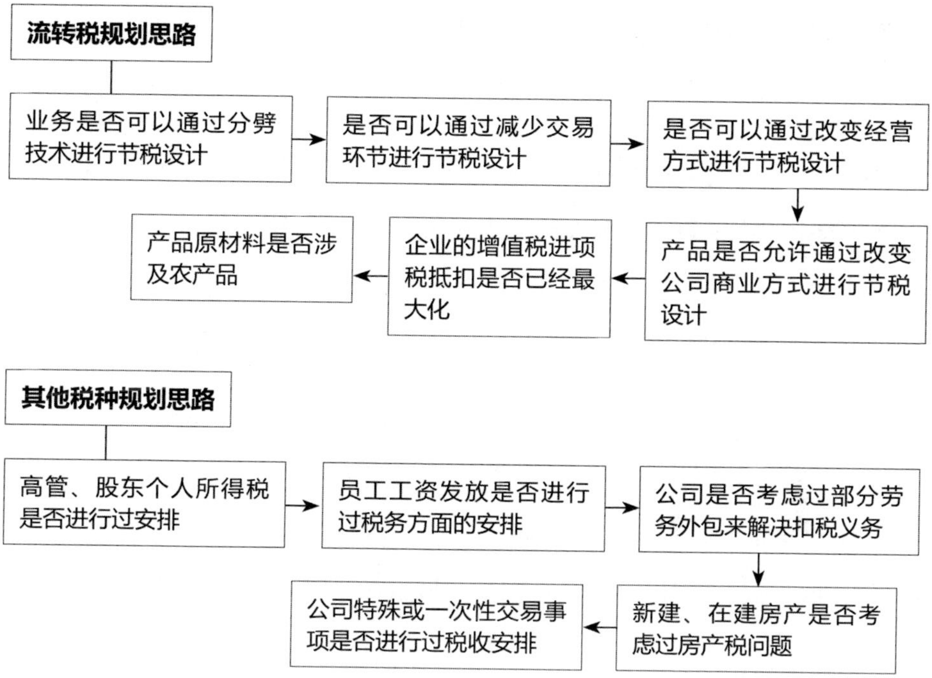

图2-2

从企业整体税务工作的角度看，税务筹划的一般思路如图2-3所示。

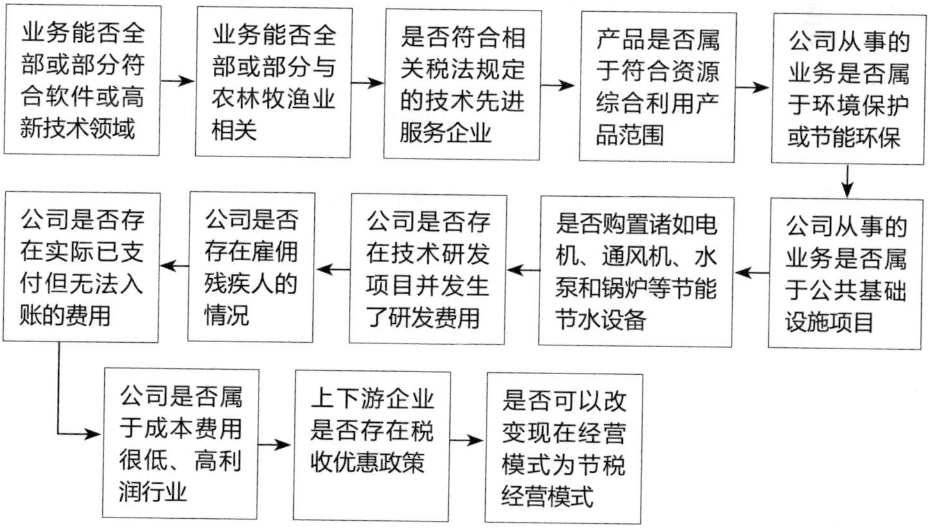

图2-3

税务筹划中的风险控制与管理

目前，我国很多企业都在有意识或无意识地偷逃税款，这与税法相背离，因此，税务筹划存在一定风险，如公司注册阶段的税务风险、收入、成本费用、会计报表和其他方面的纳税风险。

（1）虚假出资与抽逃注册资本

表现为注册资本不实或注册后不久资金退回或转移。现在，随着监管措施的加强，以假验资报告虚假注册的现象有所减少，大多数改为由中介公司代为垫资，验资后再抽走。有时也可能是自己真出资，但在注册完公司后不久，即将注册资金抽走挪作他用，在财务上则形成“长期应收款”而一直挂账无法处理。这样做可以减少应税额，减轻税收负担。

工商局年检时发现注册资本不到位或抽逃注册资本，轻则根据《工商登记条例》要求补足，并给予抽逃金额5%~12%的罚款；一旦企业和其他市场主体发生了经济纠纷，或造成重大社会危害，会根据《刑法》上的抽逃注册资本罪追究企业股东的刑事责任。因此企业不做这些事才能更好地规避风险。

（2）收入纳税风险

有些企业可能通过减少营业收入来降低应税额，进而减少应纳税额。具体做法有如下所示的一些。

1. 隐藏收入不入账。比如设置账外账或内外账，销售收入不入外账入内账，资金体外循环。企业可以将内账和外账的相关报表做对比，看数据是否匹配或一致，从而控制纳税风险。

2. 销售收入不计收入而计入往来账款，如应收账款或其他应收款等，因此就能不做纳税申报。这种偷逃税款的手法大多是在客户不需要企业出具发票的情况下使用。管理者可把往来账款与现金流量表数据进行对比，就可控制和管理纳税风险。

3．延期确认收入，使纳税申报能够滞后。企业自查账务时，可按《中华人民共和国企业所得税法》《中华人民共和国企业所得税法实施条例》规定的原则和精神及《关于确认企业所得税收入若干问题的通知》，对企业销售产品和提供劳务收入的确认时点进行检查，一般来说，除企业所得税法及实施条例另有规定外，企业销售收入的确认必须遵循权责发生制原则和实质重于形式原则，对违反这些原则的收入确认业务进行清查，从而控制和管理纳税风险。

4．价外收入或零星收入不入账，不做纳税申报。比如企业变卖边角余料、通过私设小金库来隐匿收入，进而减少应税额，降低应纳税额。国营企业和上市企业运用这一方法的比较多，可通过调查企业“其他业务收入”的情况来控制纳税风险。

5．不懂税法，不对视同销售行为产生的收入进行纳税申报。控制纳税风险的有效措施是保证财务人员充分了解最新的税收法律政策，并督促财务人员严格按照税收政策实施纳税申报。

（3）成本费用纳税风险

这一类纳税风险的表现形式有：大量收据或白条入账、虚增员工数量和虚增工资、虚开发票增加成本或随意调整纳税期间的成本费用等。为控制和管理这类风险，企业需要严格检查各种票据的使用情况（票据的真实性和票据抵扣等），不采用虚增员工数量来虚增工资这种低级的方法减少应税额，尽量从企业本身出发，积极创造符合节税要求的条件。

（4）会计报表纳税风险

很多企业老板认为雇佣的财务人员技术高就能做出好的假账，因此可以安心偷逃税款。其实不然，这其中存在严重的纳税风险。检查会计报表的人，很容易从存货、应收账款、其他应收款、应付账款、其他应付款和资本公积等会计科目中找到端倪，因为这些科目经不起推敲，账务处理混乱且账实不符，都会“出卖”公司，给企业带来纳税风险。因此，企业要避免会计报表带来的纳税风险，最好还是制作真实、准确的会计报表，不弄虚作假，不存侥幸心理而去偷逃税款。

税务代理的可行性

税务代理指代理人接受纳税人的委托，在法定的代理范围内依法代纳税人办理相关税务事宜，如纳税申报、申办、变更和注销税务登记证及申请减免税等。虽然税务代理能够给企业减少工作量，但税务代理是否可行是企业需要考虑的问题，企业可以从下面几个方面来增强税务代理的可行性。

税务代理要签合同

企业采用税务代理方式让别人给自家公司处理税务工作，需要企业与接受税务代理工作的人签订一份《税务代理的委托书》，明确合同双方的义务、责任和权利。同时，要按照一定的程序进行税务代理，分3个阶段：准备阶段、实施阶段和代理完成阶段。

第一步，准备阶段。纳税人、扣缴义务人向税务代理机构提出税务代理→税务代理机构对要求代理的纳税人、扣缴义务人的有关情况进行调查→确定是否接受该项代理业务→双方充分协商取得一致意见后，签订委托代理协议书，约定代理内容、权限和期限→税务代理机构在受理某项代理业务后，应确定税务代理风险，编制税务代理计划，安排实施代理工作。

第二步，实施阶段。该阶段是税务代理全过程的中心环节，按照代理计划，根据委托代理协议书约定的代理事项、权限和期限开展工作。

第三步，代理完成阶段。税务代理机构整理代理业务工作底稿，编制有关表格，并将有关资料存档备查。同时将税务代理期间涉及的重要事项向纳税人或扣缴义务人说明，并交付相关税务资料。

税务代理工作要做的事

我国《税务代理业务规程》对税务代理工作有明确的规定，即代理人可以接受纳税人或扣缴义务人的税务委托，从事下列范围内的业务代理。

- 办理税务登记、变更税务登记和注销税务登记手续。
- 办理纳税、退税和减免税申报。
- 建账建制、办理账务。
- 办理除增值税专用发票外的发票领购手续。
- 办理纳税申报和扣缴税款报告。
- 制作涉税文书。
- 开展税务咨询（顾问）、税收筹划和涉税培训等涉税服务业务。
- 办理税务行政复议手续。
- 审查纳税情况，办理增值税一般纳税人资格认定手续。
- 用主机共享服务系统为增值税一般纳税人代开增值税专用发票。
- 办理涉税签证业务，如企业所得税汇算清缴纳税申报签证、企业所得税税前弥补亏损和财产损失的签证及国家税务总局和省税务局的其他涉税签证业务。

◆ 国家税务总局规定的其他服务。

税务代理关系如何终止

税务代理关系是税务代理人替纳税人或扣缴义务人办理税务事项过程中形成的合同契约关系。税务代理关系可因代理期限届满而自然终止，也可因法定情形出现而由代理人或被代理人（委托人）单方面终止。各种终止方式的具体介绍如表2-7所示。

表 2-7

方式	具体介绍
委托方（纳税人、扣缴义务人）单方终止	有下列情形之一的，被代理人在代理期限内可单方面终止税务代理。 1．注册税务师死亡； 2．税务代理人被注销税务代理资格； 3．税务代理人未按委托代理协议书的规定办理代理业务；税务代理机构已破产、解体或被解散
税务代理人单方终止	有下列情形之一的，税务代理人在委托期限内可单方面终止税务代理。 1．被代理人死亡或解体； 2．被代理人授意税务代理人实施违反国家法律和行政法规的行为，经劝告仍不停止其违法活动的； 3．被代理人提供虚假的生产、经营情况和财务会计报表，造成代理错误或被代理人实施违反国家法律和行政法规的行为

被代理人或税务代理人单方终止委托代理关系的，应及时通知另一方，并向当地税务机关报告，同时公布终止决定。

税务代理的风险及防范措施

税务代理虽然能帮助企业节省很多工作，但也存在一定的风险，主要体现在两方面：一是注册税务师未能完成代理事项而使纳税人、扣缴义务人遭受损失；二是注册税务师未能履行代理职责而使纳税人、扣缴义务人承担纳税风险。那么，为了企业和税务代理机构的利益，除了双方都要了解并采取积极的防范措施外，还要注意以下事项。

（1）客观环境的支持

市场经济是法制经济，税务代理是一种法律行为，没有专门的法律法规保障是不行的。因此，需要加快税务代理法制建设的步伐，尽早建立起全国统一、独立、完善且规范的税务代理法律体系。

当下要考虑尽快出台《注册税务师法》和相关执业准则，并进一步修改和完善《税务代理试行办法》和《注册税务师资格制度暂行规定》，形成适应我国国情的、真正能规范注册税务师行为的法律，为税务代理行为提供明确的法律依据。同时，不断强化税务代理行业的行政管理及行业自律管理。税务机关要站在强化税收征管、做好为纳税人服务和促进税收事业发展的高度，认识税务代理的地位和作用，积极支持税务代理工作，特别是税务代理机构在脱钩改制后更需要税务机关的支持。另外，各地注册税务师组建协会，形成全国注册税务师行业协会管理网络系统，为税务代理行业的自律管理创造条件。

（2）税务代理机构与企业的自我风险防范

代理机构要加强内部制度建设，建立严格的质量控制制度，如税务代理管理办法、操作规范、工作底稿、业务、人事、办公和财务等管理制度。另外，要制定岗位职责，合理分工，定期组织检查考核。要规避可能发生的职业风险，尤其要重视如表2-8所示的几方面工作。

表 2-8

措施	具体工作做法
审慎签订代理协议	代理机构与被代理人签订代理协议时，要明确各自的权利义务、代理范围、连带责任和收费标准等，避免在履行协议或发生纠纷时因法律界定责任不明而引起不必要的争议

续表

措施	具体工作做法
详细记录并核实工作底稿	工作底稿是注册税务师在执业过程中编制的工作纪要，详细记录并核实可以提高税务代理的执业质量，同时也可以及时发现和解决税务代理工作存在的失误
认真撰写税务代理工作报告	对代理过程、结果、审查意见、鉴定结论和证明等有详细的说明，为减少后期税务代理工作的风险做铺垫
做好档案的分类与归档工作	税务代理档案是重要的历史资料，对于总结工作经验和明确代理责任都具有重要的保存价值，对依法处理已发生的风险事件很有帮助

另外，税务代理机构要严格职业准入机制，通过各种渠道提高税务代理从业人员的素质，如良好的道德素质、较强的会计和审计业务能力、通晓税务方面的法律法规和政策以及具有广博的经济领域知识等。

最后，企业和税务代理机构都要引入合适的风险保障机制。企业要通过慎重的考察选择信誉良好且工作能力强的税务代理机构；税务代理机构要考察委托企业的实际经营情况和信誉评价，确定企业没有违规违法“前科”后才受理税务委托。企业和税务代理机构都要制定一份各自面对税务代理风险的措施的方案或计划，以备发生紧急情况时可以及时做出补救。

从下章开始将进入到本书的实操内容讲解，在案例讲解部分，本书将模拟一家大型的加工制造公司——广州弘逵包装有限公司（以下简称弘逵包装公司），并对该公司10~12月份发生的经济业务进行税务处理，尽量还原真实的税务工作流程和工作内容，让读者通过实账处理进行实战学习，从而快速熟悉并精通税务工作。

Chapter
03

进购原材料的涉税处理

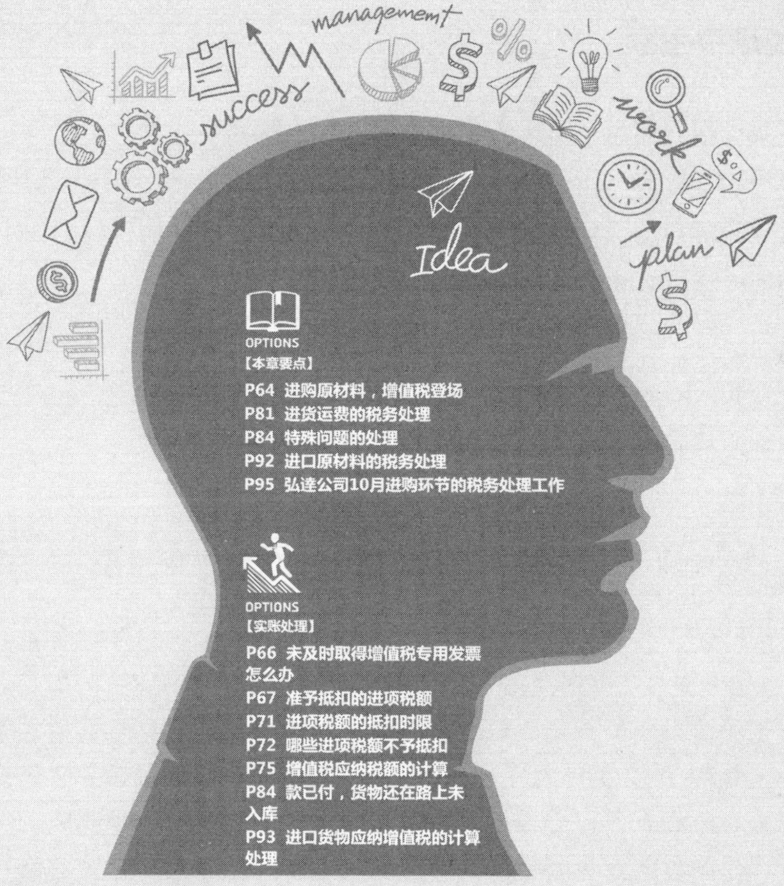

OPTIONS
【本章要点】

OPTIONS
【实账处理】

进购原材料，增值税登场

企业的经济活动从生产开始，而生产的前提是有原材料可供企业进行产品的生产。从企业进购原材料开始，增值税就随之而来，下面将通过实际案例对进购原材料环节的增值税问题进行详细讲解。

增值税进项税额

增值税进项税额是指纳税人购进货物、加工修理修配劳务、服务、无形资产或不动产等时，支付或者负担的增值税额。在企业计算中，销项税额扣减进项税额后的数额才是应缴纳的增值税，因此，进项税额的大小直接关系到纳税额的多少，计算公式如下。

进项税额 = 外购原料、燃料或动力支付的金额/（1+税率）×税率

进项税额是已经支付的钱，在编制会计账户时应记在借方。

【实账处理】——进购原材料，取得增值税专用发票

弘達包装公司在广州成立，主要经营业务是生产销售塑料包装，有自己的工厂，也有专门的销售部门。2016年10月8日，工厂进购了一批生产塑料包装需要用到的聚乙烯（聚乙烯材料的购进适用税率为17%，且不在免税或不征税范围内，是最常见的发生进项税额的经济业务，会在后续的税务处理工作中涉及该项税额的抵扣），收到某石化公司开具的增值税专用发票，发票上的材料总价款为10万元，增值税税额为17000元（100000×17%），材料已经入库，用银行存款支付了这笔材料款。

其中涉及的税务处理和会计分录为：

借：原材料　　100000

　　应交税费——应交增值税（进项税额）　　17000

　　贷：银行存款　　117000

如果企业在生产经营过程中购买了免征税的初级农产品，相应的会计分录和税务问题会有所不同。

【实账处理】——给员工发福利，买进免税的橘子

2016年的冬天，国内各地或多或少都遭遇了雾霾天气，而身处广州的弘达包装公司也不例外。为了给员工切实的福利，公司购进了0.5吨柑橘，支付买价2650元，已知该批水果的含税销售价格为5.3元/千克。因为货款金额不大，所以财务部利用库存现金支付了货款。其中涉及的税务处理和会计分录如下。

增值税进项税额＝2650/（1＋13%）×13%＝304.9（元）

橘子实际成本＝2650－304.9＝2345.1（元）

借：商品采购　　2345.1

　　应交税费——应交增值税（进项税额）　　304.9

　　贷：库存现金　　2650

因为公司购进的橘子是初级农产品，在免税农产品的适用范围内，因此，企业在后期税务处理中要将该部分进项税额从总的应纳税额中转出。

从上述两个经济业务可以看出，企业在计算增值税进项税额时，不仅要考虑购进货物适用的税率是多少（6%、11%、13%和17%等），还要考虑货物是否满足免税条件，若满足，则需要提高意识。事先缴纳了增值税的，在后期税务整理工作中将已缴纳的增值税从总的应纳税额中转出而不是抵扣；没有事先缴纳增值税的，则在后续税务处理中不再做转出的操作。

未及时取得增值税专用发票怎么办

企业在实际经营过程中，不可能每一笔业务都能及时收到增值税专用发票，甚至有些时候没法收到发票，此时财务人员就不能按照正常的税务处理编写会计分录，而是先暂估入库，待收到增值税专用发票后再进行红字冲销。

【实账处理】——原材料暂估入库

弘达包装公司因为订单的需要，在2016年10月11日进购了一批聚乙烯，但是当时因为石化公司的增值税专用发票已经用完，所以弘达包装没有收到该石化公司的专用发票。已知材料总价款为80000元，材料已经入库，由于没有收到增值税专用发票，所以公司没有及时付账。而在2016年10月18日时，弘达包装收到石化公司开具的该项业务的增值税专用发票，发票上材料总价为80000元，增值税13600元，其中涉及的税务处理和会计分录为：

1. 2016年10月11日，未收到发票，原材料暂估入库。

借：原材料　　80000

　　贷：应付账款——未开票　　80000

2. 2016年10月18日，收到增值税专用发票，进行红字冲销。

借：原材料　　-80000（红字）

　　贷：应付账款　　-80000（红字）

红字冲销的同时，按发票内容登记入账，制作另一张凭证。

借：原材料　　80000

　　应交税费——应交增值税（进项税额）　　13600

贷：应付账款　　93600

如果弘達包装在收到发票时就立即支付了货款，则还需编写如下所示的会计分录。

借：应付账款　　93600

贷：银行存款　　93600

由该经济业务可知，企业在对原材料或者购入的库存商品进行暂估入库后，收到发票时通常要编写两张凭证，一张是红字冲销凭证，另一张是像购进货物时就收到增值税专用发票这样正常情况下的凭证。

准予抵扣的进项税额

企业要明确，不是所有的增值税进项税额都能在最后的税务处理中进行抵扣，相关的税法规定了准予抵扣的进项税额情形，如表3-1所示。

表 3-1

序号	准予抵扣进项税额的情形
1	从销售方取得的增值税专用发票（含税控机车销售的统一发票）上注明的增值税税额
2	原增值税一般纳税人购进服务、无形资产或不动产，取得的增值税专用发票上注明的增值税税额
3	原增值税一般纳税人购进货物或接受加工修理修配劳务，用于《销售服务、无形资产或者不动产注释》所列项目，且不属于《增值税暂行条例》第十条所称的用于非增值税应税项目的，其进项税额准予从销项税额中抵扣
4	向境外单位或个人购进服务、无形资产或不动产，税务机关或扣缴义务人取得的解缴税款的完税凭证上注明的增值税额，资料不全的不得抵扣
5	按规定不得抵扣且未抵扣进项税额的固定资产、无形资产和不动产发生用途改变的，允许抵扣进项税额的应税项目可在用途改变的次月进行抵扣，可抵扣的进项税额＝固定资产、无形资产、不动产净值 /（1 ＋适用税率）× 适用税率

续表

序号	准予抵扣进项税额的情形
6	适用一般计税方法的试点纳税人，2016 年 5 月 1 日后取得并在会计制度上按固定资产核算的不动产或 2016 年 5 月 1 日后取得的不动产在建工程，其进项税额自取得之日起分两年从销项税额中抵扣，第一年抵扣比例为 60%，第二年抵扣比例为 40%。但融资租入的不动产以及在施工现场修建的临时建筑物、构筑物，其进项税额不适用上述分两年抵扣的规定
7	原增值税一般纳税人自用的应征消费税的摩托车、汽车及游艇等，其进项税额准予从销项税额中抵扣
8	已抵扣进项税额的购进服务，发生规定情形（简易计税方法计税项目、免征增值税项目除外）的，应当将该进项税额从当期进项税额中扣减；无法确定该进项税额的，按照当期实际成本计算应扣减的进项税额
9	购进农产品，除取得增值税专用发票或海关进口增值税专用缴款书外，按照农产品收购发票或销售发票上注明的农产品买价和 13% 的扣除率计算进项税额。进项税额＝买价 × 扣除率，其中，买价是指农产品收购发票或销售发票上注明的价款或烟叶税
10	从海关取得的海关关口增值税专用缴款书上注明的增值税税额

通过表3-1可以大致了解准予抵扣进项税额的情形，下面通过实际经济业务详细了解与固定资产有关的进项税额抵扣。

【实账处理】——购入的生产用固定资产要抵扣进项税额

弘達包装2016年10月份接到很多后期订单，但就企业目前的生产状况来看，预测没法按时完成其中的几笔订单。企业决定购进一台新的生产设备。

在10月13日，公司购进了一台不需要安装的包装袋生产设备，收到销售方开具的增值税专用发票，票面注明该设备金额为50000元，增值税税额为8500元，按规定分两年从销项税额中抵扣，第一年抵扣60%（8500×60%＝5100），第二年抵扣40%（8500×40%＝3400）。涉及的税务问题和会计分录如下。

借：固定资产（买价＋各种运杂费）　　　　　50000

应交税费——应交增值税（进项税额） 5100

应交税费——待抵扣进项税额 3400

贷：银行存款 58500

公司在选择购买哪种设备时也考虑过购买需要安装的设备，买价45800元，运杂费200元，总共预测花费46000元，但运杂费没有收到增值税专用发票，所以不得抵扣税费。自己安装时除了要花费企业自有的原材料（500元）以外，还要支付安装工人的工资（4500元），预计将花费5000元，会计分录如下。

1. 购入设备时，固定资产计入“在建工程”会计科目，确认进项税额。

借：在建工程（买价＋运杂费） 46000

贷：银行存款 46000

2. 安装设备时，领用企业原材料，支付安装工人工资。

借：在建工程 5000

贷：原材料 500

应付职工薪酬 4500

3. 设备安装完成并投入生产。

借：固定资产 58786

贷：在建工程 58786

这样看来，如果企业当时购进需要安装的生产设备，则需要多花费286（58786－58500）元。但是，企业需要注意，如果支付运输费时收到增值税专用发票，则要按11%计算增值税，方便后期进行进项税额抵扣；如果购进需要安装的生产用设备时，在安装过程中收到相应的增值税专用发票的，也需要按照11%的税率计算应纳增值税，后期也可抵扣。

如果企业在运营过程中，发生了以前不得抵扣进项税额的经济业务转为可抵扣项目的情况，或者已抵扣的固定资产转为不得抵扣项目时，都需要及时进行相关的税务处理并制作相应的会计凭证。

【实账处理】——不抵扣的固定资产转为可抵扣项目

2013年，弘达包装的员工食堂太小，不能很好地解决员工的饮食问题，因此闲置下来。2016年10月，企业看着越来越好的生意，打算将空置的员工食堂改建为一个生产车间用于塑料包装的生产。已知最初购进该房产作为食堂时花费了50万元，购进时取得增值税专用发票并已认证，但因用于集体福利故未抵扣增值税进项税额，而现在该固定资产改作生产使用，因此可抵扣进项税额，并且，该食堂的净值率为80%，那么该企业在10月份涉及的税务问题和会计分录如下。

可抵扣进项税额＝增值税扣税凭证注明或计算的进项税额×不动产净值率

可抵扣进项税额＝500000/（1＋11%）×11%×80%＝39640元

2016年10月可抵扣进项税额＝39640×60%＝23784（元）

2017年10月可抵扣进项税额＝39640×40%＝15856（元）

1．2016年10月员工食堂改为生产车间的会计分录。

借：应交税费——待抵扣进项税额　　23784

　　贷：固定资产　　23784

借：应交税费——应交增值税（进项税额）　　23784

　　贷：应交税费——待抵扣进项税额　　23784

2．2017年10月继续抵扣待抵扣进项税额中的剩余部分。

借：应交税费——应交增值税（进项税额）　　15856

　　贷：应交税费——待抵扣进项税额　　15856

企业经营过程中，如果遇到其他项目符合这种“不得抵扣进项税额转为可抵扣”的情况时，可按相同操作方法进行抵扣，不同的是，在抵扣时，适用的税率和计算公式有差别，但整个税务处理的思路是相通的。另外，企业遇到更多的是以前准予抵扣进项税的项目转为不得抵扣项目，这种情况我们会在讲解不准予抵扣进项税额的内容时一并列举。

提示：准予抵扣进项税额的注意事项

首先，取得的不动产包括以直接购买、接受捐赠、接受投资入股、自建以及抵债等各种形式取得的不动产，不包括房地产开发企业自行开发的房地产项目。其次，只有增值税专用发票才能在实际业务中抵扣进项税额，普通发票和手撕票一般不能抵扣。最后，“营改增”后，有些增值税专用发票也不能抵扣，比如金融服务中贷款担保费开具的专用发票。

进项税额的抵扣时限

企业财务人员要明确，增值税的进项税额有抵扣时限，没有特殊情况时，一旦过了抵扣时限，增值税将不能再进行抵扣。所以，财务人员要牢记进项税额的抵扣时限，如表3-2所示的是常见进项税额抵扣时限。

表 3-2

准予抵扣的项目	抵扣时限
增值税专用发票	开具之日起180日内到主管税务机关办理认证，并在认证通过的次月（特殊情况下会是当月就申报）申报期内，向主管税务机关申报抵扣进项税额。涉及的主要凭证类型有增值税专用发票、货物运输业增值税专用发票和机动车销售统一发票，一般按发票上注明的增值税额抵扣，但代开的增值税专用发票只能按价税合计金额和7%扣除率计算可抵扣的进项税额
海关进口增值税专用缴款书	开具之日起180天内向主管税务机关报送《海关完税凭证抵扣清单》（包括纸质资料和电子数据）申请稽核比对，通过稽核的海关缴款书要在税务机关提供稽核结果的当月申报期内申报抵扣，一般按照发票上注明的增值税额抵扣

续表

准予抵扣的项目	抵扣时限
农产品收购、销售发票	没有抵扣时限，发票也不需要认证，一般按照发票上注明的农产品买价和 13% 的扣除率计算可抵扣的进项税额
中华人民共和国税收通用缴款书	没有抵扣时限，票据不需要认证，按照通用缴款书上注明的增值税额进行抵扣。当企业接收境外单位或个人提供的应税服务（不含加工、修理修配劳务）时，会从税务机关或境内代理人处取得中华人民共和国税收通用缴款书，要完成进项税额抵扣，还需具备书面合同、付款证明和境外单位的对账单或发票

【实账处理】——增值税专用发票要在规定时间内申报抵扣

某公司（增值税一般纳税人）购进一批原材料，取得销售方开具的增值税专用发票，开具日期为2016年8月25日，那么该公司需要在2017年2月21日之前认证该张增值税专用发票，认证通过后，企业要在2017年3月的申报期内完成进项税的申报抵扣。

假设，该公司在2016年10月15日时就认证了该发票，并在2016年11月的申报期内完成了抵扣申报，但是只抵扣了进项税额的一部分，则剩下的进项税额可以留抵，且留抵的进项税额没有时间限制，只要企业一直处于经营状态，都可以进行抵扣。

180天的认证抵扣期限不受年份限制，即可以跨年，就如该案例中的情况一样。

如果企业因客观原因导致增值税抵扣凭证未按期申报抵扣的，可详细说明原因，经审批后仍可抵扣。比如，企业办税人员伤亡、突发危重疾病或擅自离职而未能办理交接手续，或者因自然灾害等不可抗力造成增值税扣抵凭证未按期抵扣等情况。

哪些进项税额不予抵扣

企业财务人员要知道，不是所有的进项税额都能进行抵扣，有些甚至是明文规定不予抵扣，共有如下几个方面。

（1）纳税人取得的增值税扣税凭证不符合法律、行政法规或国家税务总局有关规定，其进项税额不得抵扣。只有具有书面合同、付款证明和境外单位的对账单或发票得才能进行抵扣，资料不全的将不予抵扣。

比如，某企业为增值税一般纳税人，2016年9月，境外的一个企业向其提供了咨询服务，该企业在主管税务机关为境外企业代扣代缴了60000元的增值税，但该企业不能够提供与该业务相关的境外企业的对账单或发票，所以该企业代扣代缴的这笔增值税进项税额不能抵扣。

（2）用于简易计税方法计税项目的购进货物、加工修理修配劳务、服务、无形资产和不动产，其进项税额不得抵扣。比如，房地产开发企业一般纳税人销售的自行开发的房地产老项目、一般纳税人为建筑工程老项目提供的建筑服务等。

（3）用于非增值税应税项目、免征增值税项目、集体福利或个人消费的购进货物或应税劳务，其进项税额不得抵扣。比如，养老机构提供的养老服务、婚姻介绍服务、从事学历教育的学校提供的教育服务和农业生产者销售的自产农产品等，属于免征增值税项目；职工食堂、职工浴室、理发室、医务所、托儿所和疗养院等集体福利部门的设备、设施及维修保养费用；交际应酬消费、职工个人的车辆加油费等属于个人消费。

提示：用于集体福利或个人消费的特殊情况

如果纳税人将“自己生产”的货物用于集体福利或个人消费，视同销售，有销项税额，相应原材料的进项税额可以抵扣。另外，用于劳动保护方面事务的购进货物，进项税额也能抵扣，如机器设备的安全保护、锅炉和压力容器的安全保护、交通道路的安全保护及劳动卫生保护等。

（4）非正常损失的购进货物、应税劳务及在产品、产成品所耗用的购进货物或应税劳务等，其进项税额不得抵扣。这里的非正常损失是指，因"管理不善"造成被盗、丢失或霉烂变质的损失；而因"不可抗力"造成的损失，其进项税额可以抵扣。

【实账处理】——非正常损失的原材料的税务处理

2016年10月15日，弘達包装因为管理不善，导致前期购进的一批聚乙烯原材料被盗，经过详细估算，该批原材料有300斤（150千克），价值1500元，进项税额255元，且该笔进项税额已经抵扣，企业却无法找到相关责任人赔偿，所以该笔进项税额不能抵扣，需要做的税务处理如下。

首先，当领用工程物资和原材料，投入自建工程时，账务处理如下。

借：待处理财产损溢——待处理流动资产损溢　1755

　　贷：原材料　1500

　　　　应交税费——应交增值税（进项税额转出）　255

借：管理费用　1755

　　贷：待处理财产损溢——待处理流动资产损溢　1755

如果非正常损失的原材料还未抵扣进项税额，则不需要做如上税务处理，只需明确相应的进项税额不能抵扣即可。关于进项税额转出的问题，将在本章的第三节中具体介绍。

除此之外，非正常损失的不动产、不动产在建工程和不动产所耗用的购进货物、设计服务及建筑服务等，其进项税额不得抵扣。比如，建筑装饰材料和排水、采暖、卫生、通风、照明、通信、煤气、消防、中央空调、电梯、电气、智能化楼宇设备及配套设施等。

（5）纳税人“自用”的应征“消费税”的摩托车、汽车和游艇等，其进项税额不得抵扣。

（6）前述（2）、（3）、（4）和（5）方面涉及的货物运输费用和销售免税货物的运输费用，不得抵扣进项税额。

（7）购进的旅客运输服务、贷款服务、餐饮服务、居民日常服务以及娱乐服务等，不得抵扣进项税额。比如，购买火车票、汽车票、飞机票和船票；银行提供的贷款服务、持有金融商品及转贷等业务取得的利息及利息性质的收入；市容市政管理、家政、婚庆、养老、殡葬、照料和护理、救助救济、美容美发、按摩、桑拿、氧吧、足疗、沐浴、洗染和摄影扩印等服务；歌厅、舞厅、夜总会、酒吧、台球、高尔夫球、保龄球及游艺（包括射击、狩猎、跑马、游戏机、蹦极、卡丁车、热气球、动力伞、射箭和飞镖）等场所提供的服务和项目。

增值税应纳税额的计算

增值税是以增值额作为课税对象进行征收，理论上有两种计税方法，分别为直接计税法和间接计税法。若使用直接计税法，则计算公式如下。

应纳增值税额 = 增值额 × 适用税率

因为直接计税法难以区分增值项目和非增值项目，且增值额难以计算，更重要的是，直接计税法容易给纳税人偷逃税的机会，所以现在很少有企业实行直接计税法，大多数都采用间接计税法，公式如下。

应纳增值税额 = 当期销项税额 − 当期进项税额

前面我们已经了解了什么是进项税额，而销项税额是指纳税人销售货物或应税劳务，按照销售额和适用税率计算并向买方收取的增值税额。

【实账处理】——计算购进原材料的应纳增值税额

弘達包装2016年10月向某大型超市销售了一批塑料包装袋，由于是公司的老客户，因此，弘達包装给了超市一定的折扣（10%折扣率），总价款为500000元，成本400000元，折扣费为50000元，给超市开具了增值税专用发票，发票上注明的金额为500000元，同时还注明了50000元的折扣费。假设企业当月不再发生缴纳增值税的经济业务，那么，相关税额的计算如下。

进项税额＝17000＋304.9＋13600＋（5100＋3400）＋（23784＋15856）＋255＝79299.9（元）

其中，10月可抵扣进项税额＝17000＋304.9＋13600＋5100＋23784＝59788.9（元）

销项税额＝（500000－50000）×17%＝76500（元）

应纳增值税额＝76500－59788.9＝16711.1（元）

那么，弘達包装10月份应缴纳的增值税为16711.1元。如果当期抵扣进项税额后为负值，则应缴纳的增值税为零，剩余未抵扣的进项税额将在下月进行抵扣。

如果弘達包装没有在增值税专用发票上注明折扣费，而是将折扣额另行开票，则不论财务人员在财务上如何处理，均不能从销售额中减去折扣额。

上述案例是企业进行折扣销售涉及的应纳增值税额的计算过程和方法，如果企业采取的是销售折扣，则销售额的确定又不同，相应的应纳增值税额也会不同，此时销售折扣不得从销售额中减除。

销售折扣一般是指销售方在销售货物或劳务后，为了鼓励购货方及早支付货款而协议许诺购货方的一种折扣优待，比如，10天内付款，货款折扣2%；20天内付款，货款折扣1%等。

假设上述案例中，弘達包装公司进行的是销售折扣，而超市在20天内付款，按规定，弘達包装要给予超市5000（500000×1%）元的折扣。而企业实际收到的货款就只有495000元，但是，售出该批货物时开具的发票上注明的金额为50000元，此时，弘達包装还是只能按50000元的销售额计算应纳增值税额，而不能根据实际收到的495000元计算。

除此之外，还有一种销售方式——销售折让，是指货物销售后，由于品种和质量等原因，购货方要求销货方给予一定的价格折让才不退货。与销售折扣相比，虽然都是在货物销售后发生的，但因为销售折让是由于货物品种和质量等引起销售额减少，所以，销售折让要以折让后的货款为销售额。比如，弘達包装售出一批包装袋后，购货方发现有很多包装袋是坏的，因此弘達包装给予超市10%的折让，实际收到超市45000（50000－50000×10%）元，那么计算销项税额时，就应该为7650（45000×17%）元。这种情况与同时在增值税专用发票上注明折让额的情况类似。

城市维护建设税少不了

城市维护建设税是我国为了加强城市的维护建设，扩大和稳定城市维护建设资金的来源，对有经营收入的企业或个人征收的一个税种。因此，城市维护建设税以纳税人实际缴纳的增值税和消费税为计税依据，与增值税和消费税一起缴纳，而征收、管理、纳税环节和奖罚等事项都比照增值税和消费税的有关规定办理。

城市维护建设税税率按纳税人所在地分别规定为：市区7%、县城和镇5%以及乡村1%，大中型工矿企业所在地不在城市市区、县城或建制镇的，税率为1%。计算城市维护建设税的一般公式如下。

应纳城市维护建设税=（实际缴纳增值税+实际缴纳消费税）×适用税率

【实账处理】——购进原材料时要交城市维护建设税

弘達包装2016年10月8日和10月11日分别购进了一批金额为10万元和8万元的聚乙烯原材料，根据相关税法的规定，企业在缴纳增值税的同时还需缴纳城市维护建设税，因此，公司还需计算应缴纳的城市维护建设税税额。已知弘達包装适用的城市维护建设税税率为7%。假设以上一节内容中计算出的增值税应纳税额计算，则弘達包装10月份应缴纳城市维护建设税为：

城市维护建设税＝16711.1×7%＝1169.777（元）

1．计算应交城市维护建设税。

借：营业税金及附加　　1169.777

　　贷：应交税费——应交城市维护建设税　　1169.777

2．用银行存款或库存现金支付城市维护建设税。

借：应交税费——应交城市维护建设税　　1169.777

　　贷：银行存款/库存现金　　1169.777

因为该经济活动发生在弘達包装注册的经营地，所以城市维护建设税在当地缴纳。如果发生的经济活动不在企业注册的经营地，那么企业需要在经济活动发生的地区缴纳增值税、消费税和城市维护建设税。

如果公司10月份没有实际缴纳的增值税税额，则只需进行纳税申报而实际不缴任何费用。假设公司10月份把不予抵扣的固定资产转为可抵扣项目的所有进项税额全部抵扣，且购进的生产设备也在2016年10月份都全部抵扣，则可抵扣的进项税额为79044.9（17000＋304.9＋13600＋8500＋39640）元，而销项税额为76500元，进项税额抵扣后为－2544.9元，所以10月份不用交增值税，未抵扣的2544.9元可在下月进行抵扣。

一般情况下，企业应在月度终了后，在进行增值税和消费税申报的同时，进行城市维护建设税的纳税申报。对于按规定以1日、3日、5日、10日和15日为1个纳税期缴纳增值税、消费税和城市维护建设税的，应在按规定预缴增值税和消费税的同时，预缴相应的城市维护建设税，但如果以一个月为1个纳税期缴纳增值税和消费税的，应在缴纳当月全部增值税和消费税税额的同时，按照纳税申报表确定的应纳税额全额缴纳城市维护建设税。

因为城市维护建设税属于增值税和消费税（以下简称“二税”）的附加税，对二税进行减免就相当于减免了城市维护建设税，所以城市维护建设税一般不能单独减免。只有在纳税人确实有困难需要单独减免时，可由省级人民政府酌情给予减税或免税照顾。但是，海关对进口产品代征的增值税和消费税，不征收城市维护建设税。

提示：城市维护建设税的退还问题

出口产品退还增值税和消费税时，不退还已经缴纳的城市维护建设税，“二税”先征后返、先征后退和即征即退的，也不退还城市维护建设税。

教育费附加不能被忽视

教育费附加是我国为了发展地方性教育事业，扩大地方教育经费的资金来源，而对缴纳增值税和消费税的单位或个人征收的一种附加费。与城市维护建设税一样，企业要在缴纳增值税和消费税的同时缴纳教育费附加和地方教育附加。相关计算公式如下。

应纳教育费附加 =（实际缴纳增值税 + 实际缴纳消费税）× 3%

应纳地方教育附加 =（实际缴纳增值税 + 实际缴纳消费税）× 2%

【实账处理】——交了增值税后还要交教育费附加

假设弘逵包装在2016年10月的后半个月没有再进购原材料，也没有售出产成品。那么弘逵包装10月份要缴纳的教育费附加和地方教育附加如下。

应交教育费附加＝16711.1×3%＝501.333（元）

应交地方教育附加＝16711.1×2%＝334.222（元）

1．计算应交教育费附加和地方教育附加。

借：营业税金及附加　　835.555

　　贷：应交税费——应交教育费附加　　501.333

　　　　应交税费——应交地方教育附加　　334.222

2．缴纳相关税费。

借：应交税费——应交教育费附加　　501.333

　　应交税费——应交地方教育附加　　334.222

　　贷：银行存款/库存现金　　835.555

如果10月份没有实际缴纳的增值税或消费税，企业只需要进行纳税申报，没有税费支出。

《财政部、国家税务总局关于扩大有关政府性基金免征范围的通知》（财税〔2016〕12号）规定，将免征教育费附加、地方教育附加和水利建设基金的范围，由月纳税的月销售额或营业额不超过3万元（按季度纳税的季度销售额或营业额不超过9万元）的缴纳义务人，扩大到按月纳税的月销售额或营业额不超过10万元（按季度纳税的季度销售额或营业额不超过30万元）的缴纳义务人。

也就是说，从2016年2月1日起，月销售额不超过10万元的增值税小规模纳税人，免征教育费附加和地方教育附加。但自2014年10月1日至2017年12月31日，对月销售额2万元至3万元的增值税小规模纳税人和月营业额2万元至3万元的纳税人，免征增值税或营业税，相应地免征城市维护建设税及两项教育附加。

进货运费的税务处理

上一节内容我们了解了与原材料进购和增值税相关的税务处理，下面我们来看看运输原材料产生的运费等需要如何做好税务工作。

企业在购进原材料时，很可能涉及运费，而此时会有4种情况。每种情况下，企业的税务处理工作会有不同。“营改增”后，现行交通运输业的税率为11%（铁路运输不在“营改增”范围内，还是按照原来的7%扣除率计算进项税额），且很多时候运费都需要单独计税，具体计算公式如下。

运费进项税额＝运费÷（1＋税率）×税率

（1）企业自己支付运费，计入采购货物成本

此时发生的运费如果收到开票方开具的增值税专用发票，则相关税费可以在申报纳税时抵扣，如果没有收到增值税专用发票，则不予抵扣。

【实账处理】——自付运费的税务处理

弘逵包装在2016年10月8日进购原材料时，花了300元运费，收到增值税专用发票，票面注明100000元，增值税17033元（含运费进项税额），相关会计分录和税务处理如下。

借：原材料（含运费）　　100300

　　应交税费——应交增值税（进项）　　17033

　　贷：银行存款　　117333

应交增值税（进项）＝100000×17%＋300×11%＝17033元

有时运费会另开发票，则需另外制作一张凭证，具体如下。

借：原材料　　100000

　　应交税费——应交增值税（进项）　　17000

　　贷：银行存款　　117000

借：原材料（运费）　　300

　　应交税费——应交增值税（进项）　　33

　　贷：银行存款/库存现金　　333

（2）购进原材料时，由销售方垫付运费

这种情况下又分两种情形，一是销货方支付运费，与进购原材料的企业无关，此时就不需要做会计分录；二是销货方先垫付运费，最后还是要购进原材料的企业支付运费。来看看具体例子。

【实账处理】——销售原材料的企业代垫运费

假设弘達包装在2016年10月8日进购原材料时，对方代垫了300元的运费，同时收到增值税专用发票，票面注明金额100000元，增值税17033元，会计分录和税务处理如下。

1. 货款未付时，运费将计入应付账款。

借：原材料（含运费）　　100300

　　应交税费——应交增值税（进项）　　17033

贷：应付账款（含对方代垫运费） 117333

2. 支付货款。

借：应付账款（含对方代垫运费） 11733

贷：银行存款 117333

（3）支付给快递公司的运费，计入货物成本

在运输货物前，销售方或者购买方很可能联系专门的快递公司运输货物，此时可能会收到单独的运费发票。要做的会计分录和税务处理如下。

借：原材料（进购原材料支付的运费） 300

应交税费——应交增值税（进项） 33

贷：银行存款 333

（4）进项税额不能抵扣时计入采购成本

有时企业进购货物时发生的运费没有办法抵扣相应税额，只能计入采购成本。

借：原材料/在途物资/采购成本 100333

应交税费——应交增值税（进项） 17000

贷：银行存款/应付账款/库存现金 117333

企业要明确的是，无论是哪种方式下的运费，都要缴纳税费，运费适用税率为交通运输业的11%，而不是物流辅助业的6%，而运费涉及的税额能否抵扣，会决定运费和税额计入的会计科目。

特殊问题的处理

企业在购进原材料的环节中，可能会遇到前面小节内容没有提到过的特殊问题，比如在途物资的会计处理、进项税额转出问题及预付账款与税费处理等，为了全面掌握企业进购原材料时的税务工作，下面就来详细了解这些特殊问题的处理。

在途物资的税务处理

在途物资是指货款已付但尚未验收入库的各种物资，比如购进原材料时，原材料还在运输路上，但企业已经把原材料货款付给销售方，此时原材料要计入“在途物资”科目，而不是“原材料”科目。另外，如果企业在在途物资的会计分录中对进项税额进行了处理，那么在原材料入库时就不再做相关进项税额处理。

【实账处理】——款已付，货物还在路上未入库

弘逵包装前期购进的填充材料（生产塑料包装袋的成分之一）用完了，于是在2016年10月18日进购了一批价值20万元的填充材料，收到销售方开具的增值税专用发票，票面注明的金额为200000元，增值税为34000元，货款已付。因为企业是销售方的老顾客，所以此次购进原材料时，销售方承诺支付运费。相关会计分录和税务处理如下。

借：在途物资	200000
应交税费——应交增值税（进项）	34000
贷：银行存款	234000

待购进的填充材料入库后，企业再根据收料单，由“在途物资”科目转入“原材料”科目进行核算。

借：原材料——填充材料　　200000

　　贷：在途物资　　200000

如果企业货款未付，而货物也还未入库，则在第一个分录中的贷方要记“应付账款”；如果企业没有收到销售方开具的发票，但此时又需要做账务处理，那么企业需要暂估原材料的价值，比如200000元，具体会计分录如下。

借：在途物资　　200000

　　贷：应付账款——暂估应付账款　　200000

下月要做相反的会计分录予以冲回。

借：应付账款——暂估应付账款　　200000

　　贷：原材料　　200000

最后，按正常程序借记“原材料”和“应交税费——应交增值税（进项）”科目，贷记“银行存款”或“应付账款”科目。如果企业收到的是银行开具的结算凭证，则还会涉及“应付票据”科目。

现在很多企业并没有严格规范地对在途物资进行账务处理，因其对账务几乎没有影响，企业都是在原材料入库时再做相关的账务和税务处理。

预付账款与税费处理

预付账款是企业预先支付给供货方的款项，是公司债权的组成部分，属于会计要素中的资产，通俗点理解就是暂存别处的钱。由于某些企业会利用该科目隐瞒利润而推迟纳税，所以我国对预付账款的范围和限额具有严格的规定，部分内容如下。

- ◆ 企业的预付账款业务必须以有效合法的供应合同为基础，在资产负债表中需要恰当披露，或者是在财务报表附注中披露预付账款账龄分析、欠款较大单位的名称、期末数额、欠款时间和欠款原因等内容。
- ◆ 预付账款科目是流动资产类科目，用来核算企业购入存货时形成的预付款。而构建设备、厂房的预付款或预付在建工程款等属于固定资产类核算的对象，不应在“预付账款”科目进行核算，而要在“工程物资”或“在建工程”科目进行核算。
- ◆ 与主营无关的业务一般不用“预付账款”科目核算。
- ◆ 对房地产开发企业来说，其开发项目就属于存货，预付工程款和预付的土地使用权款应用“预付账款”和“开发成本”科目核算，而不是计入“在建工程”或“工程物资”科目。
- ◆ 对非房地产开发企业，在按购货合同预付货款后，由于供应单位不给开发票，或对方单位可能倒闭，或未倒闭但时间达两年以上也不可能开发票至企业的，若估计不能收回，则要将预付账款转入其他应收款再提取坏账准备。

【实账处理】——预付部分货款，材料未验收入库

弘達包装为了防止原料供应不足，决定在2016年10月20日再购进一批50000元的聚乙烯，但因为前期耗用了太多资金，为防止资金周转不开，决定先向销售方预付一定款项，待资金回收后再付剩余货款。于是，弘達包装只支付了20000元，已通过银行存款支付，会计分录如下。

借：预付账款——×石化公司　　　　20000

　　贷：银行存款　　　　20000

10月23日，企业购进的材料验收入库，并收到增值税专用发票，发票上注明该批货物的价款为50000元，增值税税额8500元，对方代垫包装费及运杂费总共1000元，没有在增值税发票上注明运费和包装费。企业以银行存款付讫所欠款项，此时需要编制的会计分录和涉及的税务处理如下。

1. 材料入库时，计算增值税税额。

应付账款＝50000＋1000＋8500＝59500（元）

补付款项＝59500－20000＝39500（元）

借：原材料——聚乙烯　　51000

　　应交税费——应交增值税（进项）　　8500

　　贷：应付账款　　59500

2. 补付货款。

借：预付账款　　39500

　　贷：银行存款　　39500

若企业收到的增值税专用发票上包括了运费和包装费，则相关税务处理参照本章第二节关于“运费的税务处理”内容，分别计算各自应纳的进项税额或者抵扣额。包装费一般随原材料一起，按照17%的税率征收增值税（进项）。

在实际经营管理中，企业进购原材料时，要通过二级科目注明相关原材料的名字，如上述经济业务中的“原材料——聚乙烯”，这样可以方便企业日后的查账工作。

进项税额转出

在本章第一节的“不准予抵扣的增值税进项税额”内容中提到过进项税额的转出，是指企业将已经抵扣进项税额的购进货物或应税劳务改变用途（用于不准予抵扣进项税额的情形），此情况下，就要把已经抵扣的进项税额转出，记入其他科目，不进行抵扣。而转入的科目一般是“管理费用”或“职工福利费”等。

【实账处理】——对改变用途的原材料进行进项税额转出

2016年10月底，弘逵包装由于一些原因，给员工的福利需要用到企业购进的原材料，总价值为2000元，而且该部分原材料已经在购进时抵扣了进项税额，现在这批材料改变了用途，所以相应的进项税额将不予抵扣，而要做进项税额转出的处理。

借：应付职工福利——非货币性福利　　2340

　　贷：原材料　　2000

　　　　应交税费——应交增值税（进项税额转出）　　340

这一会计分录中涉及的进项税额转出，需要从11月的进项税额中扣减，实际上是把之前不应该抵扣的进项税额通过11月的进项税额进行补缴。

也就是说，如果企业10月份的进项税额为30000元，扣减了进项税额转出的340元，其实际的进项税额为29660元，10月份就会少抵扣340元的增值税进项税额。

企业会遇到的进项税额转出业务不仅与原材料有关，还可能是不动产在建工程、不动产改变用途和库存商品等，这些情况也会涉及进项税额转出问题，而相关会计科目有“库存商品”、“待处理财产损溢——待处理流动资产损失”、“在产品”和“固定资产”等。

购入物资发生退货的税费问题

除了原材料改变用途会发生进项税额转出外，企业因进货退出或折让而收回产品的增值税税额，也应从发生进货退出或折让当期的进项税额中扣减，使得当期能够抵扣的进项税额减少，换句话说，企业当期会缴纳更多的增值税。

【实账处理】——购入物资发生退货，冲减进项税额

2016年10月23日，弘达包装发现9月购进的一批聚乙烯材料有质量问题，于是将不能用的聚乙烯退还给了某石化公司，并决定不再购买。经过详细的检验，确定退还的材料价值5000元，而这批材料的进项税额已经在10月初进行了抵扣，所以，退还的5000元材料需要进行进项税额转出，将抵扣了的进项税额重新补缴，共850元。要做的会计分录和税务处理如下。

借：原材料——聚乙烯（红字）　　5000

　　应交税费——应交增值税（进项）（红字）　　850

　　贷：银行存款（红字）　　5850

退货不属于进项税额转出，而是直接凭对方开具的“销项负数”发票（红字发票）直接冲减进项税额。

提示：销项负数发票是什么

销项负数发票是企业发生销售货物退回等业务时冲减销售收入的合法凭证。而红字发票和负数发票在本质上是一样的，只是由于实行电脑开票后红字无法体现，才有负数发票之说。对负数发票管理，税务机关一方面会对销货方纳税人开具的负数发票冲减销售收入合法依据进行审核，另一方面会对购货方纳税人是否按规定调减进项税额进行监督检查。

销售没有用完的原材料要交增值税

企业在日常活动中可能发生对外销售没有用完原材料的情况，此时也会视同商品销售，收入确认和计量原则都需要比照商品销售。而销售原材料取得的收入需计入“其他业务收入”科目，而不是“主营业务收入”科目。因为这也是企业收入的一部分，所以也需要缴纳增值税（销项）。下面通过具体的经济业务了解这一经营活动。

【实账处理】——停产时，销售没有用完的聚乙烯

假设弘逵包装打算从2017年开始改变主营业务，不再生产包装袋，那么，企业前期购买的聚乙烯原材料若有剩余的话就没有了用处，此时企业就需要将没有用完的聚乙烯出售。

比如，企业售出剩余全部原材料，取得10000元收入，向购货方开具了增值税专用发票，票面注明金额为10000元，增值税税额为1700元，款项已由银行收妥。已知该批原材料的成本为8000元，则弘逵包装要做的会计分录和税务处理如下。

1. 取得原材料销售收入。

借：银行存款	11700	
贷：其他业务收入		10000
应交税费——应交增值税（销项）		1700

2. 结转已销售原材料的实际成本。

借：其他业务成本	8000	
贷：原材料		8000

该经济业务中涉及增值税（销项），而销项税是指销售货物或发生应税劳务/服务等需要缴纳的税金。通常情况下，企业纳税人在销售货物时要收取的销项税会与不含税价款一起，但分开注明在发票上。而销项税额按照销售额和适用税率计算得出。

除此之外，企业在有多余的原材料没用，又有买家愿意购买的情况下，也会出售没有用完的原材料。

购进与生产产品没有关系的原材料

企业的生产经营活动中，除了与生产产品有关的业务外，还有其他业务需要处理，这些事务中当然也包括购进与生产产品没有关系的原材料，比如扩建厂房时购进的水泥。下面来看看具体的经济业务。

【实账处理】——厂房扩建购进水泥也涉及增值税

如果弘達包装并没有将原来的食堂改修成生产车间，反而因为业务量的增大，需要扩建厂房。此时公司就会购进扩建厂房需要的水泥，假设弘達包装2016年10月份购进PO 42.5水泥5吨，收到销售方开具的增值税专用发票，票面注明的金额为1300元，增值税221元，已用库存现金支付了货款。相应的会计分录和税务处理如下。

借：在建工程——水泥　　1300

　　应交税费——应交增值税（进项）　　221

　　贷：库存现金　　1521

虽然购进的水泥在某种程度上属于原材料，但由于该原材料不是主营业务需要的材料，而是用于建造厂房这一固定资产，所以，在厂房还未修建好之前，原材料款项要计入“在建工程”，待厂房修建好后，再把“在建工程”转入“固定资产”。

借：固定资产　　1300

　　贷：在建工程　　1300

由上述经济业务可知，企业在购进与生产产品无关的原材料时，一般不计入“原材料”科目，而是根据该原材料对应的用途计入相应的会计科目。比如购进用于生产月饼发放员工福利的面粉货款，则要计入“应付职工福利——非货币性福利”科目。

进口原材料的税务处理

在企业的日常活动中，有时免不了与国外企业合作，比如从国外进口生产用的原材料。这时，企业的税务处理与国内进购原材料有所不同。下面就来具体了解进口原材料要做的税务工作及其具体税务处理细节。

计税依据和完税价格

进口货物的增值税必须采用组成计税价格，且进口环节的增值税不能抵扣任何税额（在计算进口环节的应纳增值税税额时，不得抵扣发生在我国境外的各种税金）。但增值税一般纳税人进口货物取得属于增值税扣税范围的海关缴款书时，可以申请抵扣进项税额。

那么，要计算进口货物应纳增值税税额，首先需要计算出组成计税价格，公式如下。

组成计税价格＝关税完税价格＋关税＋消费税＝关税完税价格×（1＋关税税率）/（1－消费税率）

如果进口货物不同时，缴纳消费税，则其组成计税价格如下。

组成计税价格＝关税完税价格＋关税

通过组成计税价格计算进口货物应纳增值税税额的公式如下：

进口货物应纳增值税税额＝组成计税价格×适用税率＝（关税完税价格＋关税）/（1－消费税率）×增值税率（适用税率）

【实账处理】——进口货物应纳增值税的计算处理

某进出口公司2016年10月10日从美国进口硫酸镁8000吨，进口申报价格为FOBI旧金山USD520000，运费每吨USD40，保险费率为3‰，当日的外汇牌价（中间价）为USD1＝RMB6.6685。

运费＝8000×40×6.6685＝2133920（元）

申报价格＝520000×6.6685＝3467620（元）

完税价格（到岸价格）＝（2133920＋3467620）/（1－3‰）＝5601540/0.997≈5618395（元）

组成计税价格＝5618395＋5618395/（1＋30%）×30%≈5618395＋1296553＝6914948（元）

进口应纳增值税＝6914948×17%＝1175541.16（元）

会计分录和税务处理参照国内进购原材料的过程，只是“应交税费——应交增值税（进项）”科目的金额直接记为进口应纳增值税1175541.16元。

需要注意的是，企业在计算关税完税价格时有两大情况。一种是一般进口货物的完税价格，计算公式如下。

完税价格＝货物成交价格＋采购费用（包括货物运抵中国关境输入地起卸前的运费、保险费等）

另一种是特殊进口货物的完税价格，又分为如下两种情况。

- **运往境外加工的货物**：以境外加工费和物料费、复运进境的运费、保险费及其他相关费用审查确定完税价格。
- **运往境外修理的机械器具、运输工具或其他货物**：以境外修理费和料件费审查确定完税价格。

如果企业进口的货物不是消费税应税品，则不需要考虑消费税率。

税收优惠

我国为了促进某些行业或产业的发展，对进口环节实施了一些税收优惠政策，比如表3-3所示的一些。

表 3-3

序号	进口环节税收优惠
1	对进口动植物种源减免进口环节增值税，范围主要包括与农、林业生产密切相关的动植物种源及动植物科研院所、动物园、专业动植物保护单位、养殖场和种植园进口的用于科研、育种及繁殖的野生动植物种源。还有军队、武警、公安、安全部门（含缉私警察）进口的警用工作犬及繁育用的工作犬精液及胚胎
2	一票货物关税税额、进口环节增值税税额或消费税税额在人民币 50 元以下的，相应免征关税、进口增值税和进口消费税
3	无商业价值的广告品和货样可免征关税
4	国际组织或外国政府无偿赠送的物资免征关税和增值税
5	进出境运输工具装载的途中必需的燃料、物料和饮食用品免征关税
6	因故退还的中国出口货物，可免征进口关税，但已征收的出口关税不予退还
7	在境外运输途中或起卸时，遭受到损坏或损失的，可酌情减免关税
8	起卸后、海关放行前，因不可抗力遭受损坏或损失的，可酌情减免关税
9	海关查验时已经破漏、损坏或腐烂，且能证明不是保管不慎造成的，可酌情减免关税

除了上述与关税有关的进口货物税收优惠政策外，相关税法还规定，进口产品代征的增值税和消费税，不征收城市维护建设税和教育费附加。

需要注意的是，纳税人在关税缴纳期限内没有履行其关税给付义务的，要按规定支付关税滞纳金，计算公式如下。

关税滞纳金金额 = 滞纳的关税税额 × 滞纳金征收率 × 滞纳天数

比如，上述关于“进口货物应纳增值税的计算处理”案例，应交的关税为1296553元，如果滞纳金征收率为0.5‰，且超过了关税缴纳期限10天，则关税滞纳金金额如下所示。

关税滞纳金金额 = 1296553 × 0.5‰ × 10 = 6482.765（元）

弘達公司10月进购环节的税务处理工作

为了能更加直观地了解弘達公司2016年10月份的税务，本节内容将概括前面所有涉及的经济业务，然后做统一的税务处理工作。

弘達公司2016年10月份发生了很多进购原材料的经济业务，同时也有部分特殊的、与原材料有关的销售业务，具体如下所示。

1．2016年10月8日，进购一批聚乙烯材料，价款10万元，增值税17000元，另有运费300元，缴纳33元增值税。

2．2016年冬，购进0.5吨橘子，含税价2650元，增值税为304.9元。

3．2016年10月11日购进80000元聚乙烯，未收到发票，10月18日收到发票，增值税税额为13600元。

4．2016年10月13日购进不用安装的生产设备，价值50000元，增值税税额为8500元，当期可抵扣税额为5100元，待抵扣增值税3400元将于2017年10月抵扣。

5．2016年10月，将食堂改为生产车间，2016年10月可抵扣的进项税额为23784元。待抵扣的进项税额为15856元将在2017年10月抵扣。

6．2016年10月15日，因管理不善导致原材料被盗，价值1500元，增值税255元，但不得抵扣，只能做转出处理。

7．2016年10月，向某大型超市销售一批价值50万元的包装袋，增值税销项税额为76500元。

8．2016年10月18日，购进填充材料，货款为20万元，增值税为34000元。

9．2016年10月20日，购进一批价值50000元的聚乙烯，10月23日材料入库，收到增值税专用发票，税额为8500元。

10．2016年10月底，2000元的原材料用于员工福利，需要转出的增值税进项税额为340元。

11．2016年10月23日，前期购入物资发生退货，总价值5000元，需要冲减的进项税额为850元。

由上述经济业务可知，企业当期可抵扣的进项税额如下所示。

可抵扣进项税额＝17000＋33＋304.9＋13600＋5100＋23784＋34000＋8500＝102321.9（元）

而销项税额总共为76500元，所以企业当期应缴纳的增值税如下所示。

增值税＝76500－102321.9＋850＝－24971.9（元）

应纳增值税为负数，说明10月份的增值税进项税额抵扣不完，剩余24971.9元无法在当月抵扣，则需将这部分进项税额从2016年11月的销项税额中抵扣，另外，2016年10月弘達包装公司只做纳税申报工作，实际上不用缴纳增值税，同时也不用缴纳城市维护建设税和教育费附加。而10月发生的业务中有19256元（3400+15856）需要在2017年10月进行抵扣；第6、10和11项经济业务中的进项税额如果已经抵扣，则需要后期冲减或转出。

Chapter

04

生产环节如何处理税务

OPTIONS

【本章要点】

OPTIONS

【实账处理】

生产主营产品的税务处理

企业日常活动中，主营产品通常是营业收入的主要来源，因此，其与税务的关系是最密切的。在第三章的内容中已经了解了进购原材料环节的涉税问题，本章就接着介绍用原材料生产产品的税务问题。

领用原材料时发生的税务

企业的生产车间在收到订单后，会根据所要生产的产品领用相应的原材料，同时将投入生产的原材料货款计入“生产成本”。然而，在实际的日常活动中，可能不仅是生产车间领用原材料，还可能是研发部门。下面来看看基本生产车间领用原材料的相关经济业务。

【实账处理】——基本生产车间领用原材料

弘達包装公司在2016年10月8日购进一批聚乙烯后，于10月9日接到一个金额为15万元的大订单，而生产车间收到销售部门递交的订单以后，立即到仓库领用聚乙烯材料准备投入生产。相关数据如表4-1所示。

表 4-1

项目	重量	单价	1 吨聚乙烯生产多少个普通塑料袋
数据	7.28 克	0.1 元	13 万

由表4-1所示的数据，企业接到的15万元的订单大概需要生产的塑料袋个数为150000÷0.1＝1500000个；需要用到的聚乙烯重量为1500000÷130000≈11.5吨。

已知进购原材料时的聚乙烯单价为10000元/吨，所以生产车间此次领用的原材料价值11.5万元。相关会计分录如下。

借：生产成本——直接材料　　115000

　　贷：原材料——聚乙烯　　115000

此过程中没有直接涉及税务处理工作，虽然领用的这批原材料在进购环节缴纳了增值税，但需要财务人员明确，这里的原材料不包含税费，因此生产成本也是不包括税费的。

在实际的生产过程中，可能会遇到预先领购的原材料用不完的情况，下面通过具体的案例了解领用的原材料用不完时该怎么处理。

【实账处理】——领用原材料用不完时要怎么处理

已知车间花费了3天时间完成一笔订单，10月12日时准备对领购用剩余的原材料进行盘点，发现最初领购的11.5万元原材料剩了5000元的没有用，相关税务可能会有如下两种处理情形。

1. 材料下月继续使用的做“假退库”处理。月末开一张退料单冲减当月生产成本，再开一张下月初的领料单领出剩余材料，进入下月生产成本。

月末退回仓库时。

借：原材料 ——聚乙烯　　5000

　　贷：生产成本——直接原材料　　5000

下月初领出时。

借：生产成本——直接原材料　　5000

　　贷：原材料——聚乙烯　　5000

此过程中也没有直接涉及税务处理，但生产车间需要如实填写领料单和退料单，方便财务人员计算生产成本和相关税费。

2．材料下月不再使用的退回仓库。

借：原材料——聚乙烯　5000

　　贷：生产成本——直接原材料　5000

如果是研发部门领用原材料，因为通常与主营产品相关，所以不属于不准抵扣的项目，因此相应的原材料进项税额不需要做转出处理。

产成品自用的税务处理

企业在生产过程中可能会使用自己生产的产品，此时，需要做与正常生产销售过程相同的税务处理工作。按照税法规定，这种情况属于“视同对外销售”范围，要计算各种税费。

【实账处理】——给员工的福利用到自产的包装袋

弘達包装公司2016年10月底就开始筹划员工的圣诞福利，准备在11月时生产一部分自用包装袋。相关数据如表4-2所示。

表 4-2

项目	个数	成本	市场上类似产品的市价
数据	300	0.4 元 / 个	1 元 / 个

那么，公司生产这300个包装袋的成本为300×0.4＝120元，视同销售的售价为300×1＝300元。相关税务处理如下。

1．11月生产时，领用原材料大概218.4克，价值2.184元。

借：生产成本——直接原材料　2.184

　　贷：原材料 ——聚乙烯　2.184

2. 12月24日发放福利。

借：应付职工薪酬——非货币性福利　　351

　　贷：主营业务收入　　300

　　　　应交税费——应交增值税（销项）　　51

3. 月末时，要结转该部分包装袋的销售成本。

借：主营业务成本　　120

　　贷：产成品　　120

企业在11月生产这些包装袋时，只需做原材料和生产成本的会计处理，12月份才涉及这些包装袋的税务问题，按规定缴纳51元的销项税额。

自制半成品涉税

自制半成品是指已经进行了一段时间的生产，并且已经检验合格的交付半成品仓库，但尚未制造完成而仍需继续加工的中间产品。“自制半成品”属于资产类科目，借方登记生产完成并验收入库的自制半成品的实际成本，贷方登记发出自制半成品的成本，期末借方余额反映库存自制半成品的实际成本。如图4-1所示是自制半成品的两种投入方式。

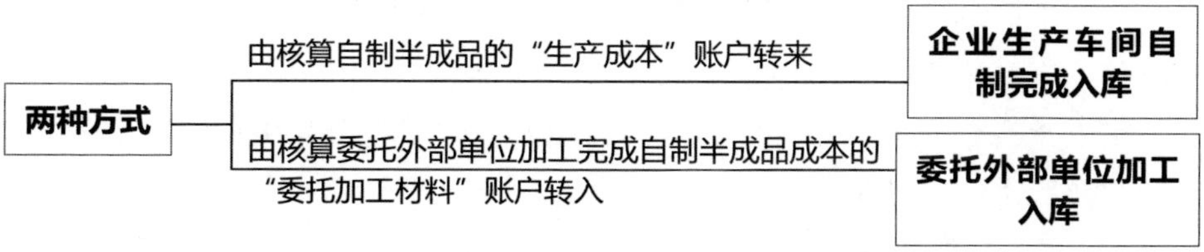

图4-1

自制半成品的成本核算错误，必然会影响入库的半成品成本，同时还会影响耗用半成品的产品成本。成本一旦受到影响，则增值税销项税额也会跟着受到影响，有些企业就会人为地提高自制半成品的成本，进而多转产品成本来达到偷税的目的。

【实账处理】——自制半成品可能涉及的偷逃税问题

假设弘達包装公司2016年11月生产了一批包装袋的半成品，实际耗用了0.5吨聚乙烯材料。正常情况下，1吨聚乙烯可以生产13万个塑料包装袋，而塑料包装袋的半成品就是经过吹塑成型的塑料覆膜，因为经过印刷和切割就可得到塑料包装袋成品，所以，1吨聚乙烯实际上可产出13万个塑料袋半成品。

因此，弘達包装使用0.5吨聚乙烯本应该生产出6.5万个塑料袋半成品，相关数据如表4-3所示。

表 4-3

项目	个数	成本	市场上类似产品的市价
数据	65000	0.09 元 / 个	0.2 元 / 个

然而，公司的自制半成品明细账中记录该批原材料产出的半成品个数为59000个。

如果按照正常产出来计算，卖出时的税额如下：

增值税销项税额＝65000×0.2×17%＝2210（元）

但按照自制成品的明细账记录来计算，卖出时的税额如下：

增值税销项税额＝59000×0.2×17%＝2006（元）

也就是说，弘達包装公司隐匿了6000个塑料包装袋半成品，相应地隐瞒了1200元的销售收入，因此，可以少交204（2210－2206）元的增值税。

企业可以将半成品耗用原材料的数据进行人为修改，让账面上看上去像是生产过程中必要的损耗，这样既达到节省原材料的目的，也能适当减少应交增值税税额。

委托加工如何处理税费问题

企业在生产过程中，可能会遇到不能按时完成订单的情况，为了不赔偿违约金，一般都会委托其他人或其他企业帮忙加工。企业自身只提供主要原材料，受托方代垫部分材料。那么，在委托加工环节涉及的税务问题是怎样的呢？

如何计算应纳税额

委托加工业务按委托方是否将原材料或加工后的产品验收入库，分为“两头在内”、“一头在外”和“两头在外”3种形式，如图4-2所示。

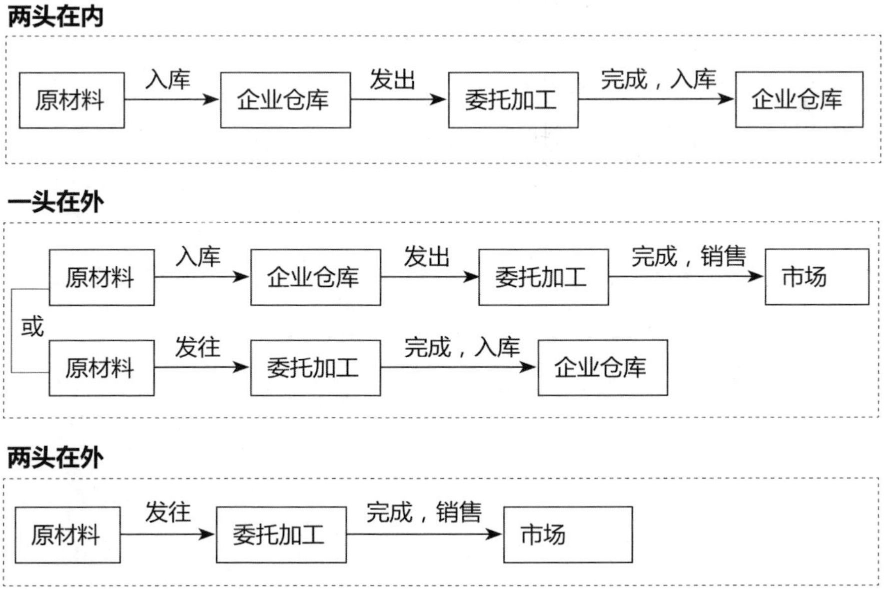

图4-2

由受托方提供原材料生产应税消费品、受托方先将原材料卖给委托方后再接受加工应税消费品以及由受托方以委托方名义购进原材料生产应税消费品这3种情况下，不属于委托加工业务，产品也不得作为委托加工产品，而应当由受托方按照销售自产应税品缴纳消费税。正规的委托加工业务需要同时满足下列条件。

- 委托方和受托方必须签订委托加工书面合同，并且按规定时限报送主管国税机关备案。
- 委托方和受托方必须按规定设置委托加工业务核算账簿和建立委托加工材料进出仓制度。
- 受托方必须开具加工费发票，委托方必须以加工费发票作为原始凭证进行账务处理，加工费必须按规定形式支付。

【实账处理】——委托加工过程的相关税务

弘達包装公司在2016年10月底收到一个52万个包装袋的大订单，因为自身公司订单较多，为防止到期不能交货的风险，公司决定将这个订单委托给其他生产公司，于11月初开始生产。已知向受托方企业发出原材料4吨，单位成本为10000元/吨，受托方公司加工10000个包装袋要消耗辅助材料6.24千克，价值68.64元（11元/千克），加工费30元。在支付加工费时收到增值税专用发票。

弘達包装公司应纳增值税＝（68.64＋30）×52×17%

≈872（元）

相关会计分录及税务处理如下。

1．发出原材料时。

借：委托加工材料　　40000

　　贷：原材料——聚乙烯　　40000

2．支付加工费时。

借：委托加工材料　　5129

　　应交税费——应交增值税（进项）　　872

贷：银行存款/库存现金　　6001

3．加工完毕回收入库，用于继续生产应税品。

借：原材料——吹塑成型覆膜　　45129

贷：委托加工材料　　45129

除此之外，弘逵包装公司可能会外包给其他塑料包装袋生产企业生产产成品，收回后可直接用于销售，不再继续加工。由于这种情况下又有两种不同的涉税情况，我们将在后面的“出售价格与受托方计税价格的关系”内容中进行专门的介绍。

企业在进行委托加工业务时，委托方和受托方要签订正规的委托加工协议，包含双方名称、代加工内容、双方责任、付款方式、交货地点、验收标准、违约责任、合同有效期限及其他需要说明的内容。

提示：受托方代收代缴税款

企业如果进行了委托加工物资，一般涉及的税费都由受托方代收代缴税款。不同的是，委托加工物资收回后继续加工生产且按规定准予抵扣的，应按已经由受托方代收代缴的税费，借记“应交税费——应交增值税/消费税”科目，贷记“应付账款”或“银行存款”等科目；而委托加工物资收回后，企业直接用于销售的，应将受托方代收代缴的税费计入委托加工物资的成本，借记“委托加工物资”等科目，贷记“应付账款”或“银行存款”等科目。

出售价格与受托方计税价格的关系

受托方计税价格是指受托方代缴税费过程中使用的应纳税所得额，

它与委托方最后出售产品的价格有区别，税务处理工作上的细节也会有差异。比如，售价低于受托方计税价格，则委托环节受托方代收代缴的税费应计入委托加工物资的成本；而如果售价高于受托方计税价格，则委托环节受托方代收代缴的税费计入“应交税费——应交××税”借方。

【实账处理】——委托加工过程的相关税务

对上一个案例做深入讲解。弘達包装公司在2016年10月底时，收到一个52万个包装袋的大订单，公司将这个订单委托给其他生产公司，并向受托方企业发出原材料4吨，单位成本为1万元/吨，受托方公司加工1万个包装袋要消耗辅助材料6.24千克，价值68.64元（11元/千克），加工费30元。在支付加工费时缴纳了辅助材料的增值税。已知受托方没有同类产品的销售价格作为参考，所以弘達包装公司在确定计税价格时要采用组成计税价格。

组成计税价格＝（68.64＋30）/（1－0）＝98.64（元）

也就是说，受托方的计税价格是0.009864元/个，原材料的成本为0.077元/个（1/13），如果企业在销售该批产品时，每个塑料包装袋的售价为0.09元/个（＞0.077＋0.009864），缴纳的增值税要计入“应交税费——应交增值税”科目，税务处理如下。

销售收入＝0.09×520000＝46800（元）

借：委托加工材料　　40000

　　贷：原材料——聚乙烯　　40000

借：委托加工材料　　5129

　　应交税费——应交增值税（进项）　　872

　　贷：银行存款/库存现金　　6001

借：银行存款　　54756

　　贷：其他业务收入　　46800

　　　　应交税费——应交增值税（销项）　　7956

如果企业在销售这批塑料包装袋时的售价为0.08元/个（＜0.077＋0.009864），则税费计入委托加工物资的成本。

销售收入＝0.08×520000＝41600（元）

借：委托加工材料	40000	
贷：原材料——聚乙烯		40000
借：委托加工材料	5129	
应交税费——应交增值税（进项）	872	
贷：银行存款/库存现金		6001
借：银行存款	48672	
贷：其他业务收入		41600
应交税费——应交增值税（销项）		7072

如果委托加工的是消费税应税产品，则计算组成计税价格时需要用到消费税税率，将相关数据代入公式即可算出各科目对应的金额，而税务处理如图4-3所示。

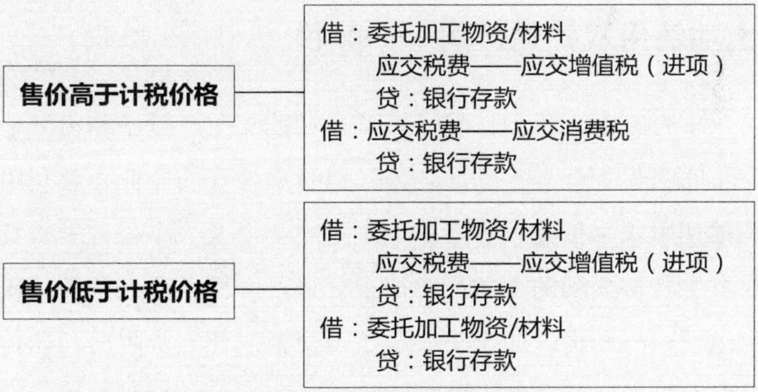

图4-3

由该案例可知，企业在委托加工过程中，当涉及出售价格与计税价格的关系时，会计分录不同点主要表现在消费税的处理上，而增值税的处理不受出售价格和计税价格关系的影响。

企业还需注意的是，收到受托方发回的加工过的物资后，企业若继续加工，涉及的消费税不得抵扣，售价不高于计税价格时的消费税也不得抵扣，所以消费税直接计入委托加工物资的成本；若是不需加工直接销售的产品且售价高于计税价格时，消费税可抵扣，所以会单独列举出来。

取得固定资产的相关税务工作

企业在生产过程中可能因为生产需求增加固定资产，提高生产效率。企业获得固定资产的方式有很多种，每种方式涉及的税务有所不同，下面就来看看这些方式的相关税务问题。

购买土地使用权扩建厂房——契税

在第三章内容中，我们已经了解了企业购买生产设备和将其他建筑改建成生产车间的税务处理，除此之外，自身条件好的企业还会利用资金直接购买土地使用权来扩建厂房，这一过程中会涉及一个税种——契税。它以所有权发生转移变动的不动产为征税对象，产权承受人负责纳税，主要范围有土地使用权和房屋的出售、赠予及交换。住宅类用房和非住宅用房的契税税率不同，来看一个具体的案例。

【实账处理】——买地建厂房，缴纳契税

某企业由于要扩产，所以准备购买一块土地来扩建厂房。已知土地面积总共为400平方米，而相应基准地价为20000元/平方米

（含路线价），相关数据和税务处理如下。

总共价款＝400×20000＝8000000（元）

应缴纳契税＝8000000×4%＝320000（元）

1．支付价款。

借：无形资产——土地使用权　　8000000

　贷：银行存款　　8000000

2．缴纳相关税费时。

借：管理费用　　320000

　贷：应交税费——应交契税　　320000

一般的生产性企业在购买土地使用权时都需要缴纳契税，但也有一些契税的优惠政策需要企业了解，如表4-4所示。

表 4-4

序号	优惠政策
1	国家机关、事业单位、社会团体或军事单位承受土地、房屋用于办公、教学、医疗、科研和军事设施的，免征契税
2	各类公有制单位为解决职工住房问题而采取集资建房方式建成的普通住房，或由单位购买的普通商品住房，经当地县以上人民政府房改部门批准、按照国家房改政策出售给本单位职工且属职工首次购买住房，均可免征契税
3	承受荒山、荒沟、荒丘和荒滩土地使用权，并用于农、林、牧、渔业生产的，免征契税
4	非公司制企业按照《中华人民共和国公司法》的规定整体改建为有限责任公司（含国有独资公司）或股份有限公司，或者有限责任公司整体改建为股份有限公司的，改建后的公司承受的原企业土地、房屋权属，免征契税
5	非公司制国有独资企业或国有独资有限责任公司，以其部分资产与他人组建新公司，且该国有独资企业（公司）在新设公司中所占股份超过50%的，对新设公司承受该国有独资企业（公司）的土地、房屋权属，免征契税
6	企业改制重组过程中，母公司与其全资子公司之间、同一公司所属全资子公司之间和同一自然人与其设立的个人独资企业或一人有限公司之间的土地和房屋权属的无偿划转，不征收契税

续表

序号	优惠政策
7	经国务院批准实施债权转股权的企业，对债权转股权后新设立的公司承受原企业的土地、房屋权属，免征契税
8	公司制企业在重组过程中，以名下土地、房屋权属对其全资子公司进行增资的，属同一投资主体内部资产划转，对全资子公司承受母公司土地、房屋权属的行为，不征收契税

除此之外，企业还需明确契税的其他相关内容，比如，纳税义务发生时间是纳税人签订土地、房屋权属转移合同的当天，或纳税人取得其他具有土地、房屋权属转移合同性质凭证的当天。纳税期限为自纳税义务发生之日起10日内，向土地、房屋所在地的契税征收机关办理纳税申报，并在契税征收机关核定的期限内缴纳税款。

纳税人办理纳税事宜后，征收机关向纳税人开具契税完税凭证。纳税人持完税凭证和其他规定的文件材料，依法向土地管理部门和房产管理部门办理有关土地、房屋的权属变更登记手续。土地管理部门和房产管理部门应向契税征收机关提供有关资料，并协助契税征收机关依法征收契税。

自建固定资产

很多企业发挥自身力量建造厂房或者其他固定资产，虽然可以省掉很多不必要的“弯路”，但因为从开始建造到完工交付使用所耗费的时间较长，也会给企业自身带来很多杂务。企业自建固定资产的过程中，会涉及一项常见的资产类会计科目——在建工程。

【实账处理】——购入各种物资自建生产线

弘达包装公司在2016年10月将食堂改建成生产车间，为了充分利用资源，决定11月1日开始自行建造一条生产线。已知购入各种工程物资价款30万元，支付增值税额51000元，工程领用物资29.25万元（含税），剩余工程物资转作企业存货。该工程应承担职工工资为30000元，应负担的职工福利费为5000元，用银行存款支付其他各项支出8000元，工程完工交付使用。税务处理如下。

1. 购入工程物资时。

借：工程物资　　300000

　　应交税费——应交增值税（进项）　　51000

　　贷：银行存款　　351000

因该自建工程属于2016年5月1日后发生的项目，所以按规定，其进项税额分两年从销项税额中抵扣，第一年抵扣60%，第二年抵扣40%。60%的部分在取得扣税凭证的当期从销项税额中抵扣；40%的部分为待抵扣进项税额，在取得扣税凭证的当月起第13个月从销项税额中抵扣。即：

2016年11月要抵扣的进项增值税额为：51000×60%＝30600元

2017年11月要抵扣的进项增值税额为：51000×40%＝20400元

2. 工程领用物资时。

物资价款（不含税）＝292500/（1＋17%）＝250000（元）

借：在建工程——生产线　　250000

　　贷：工程物资　　250000

3. 剩余工程物资转作企业存货。

转作存货＝300000－250000＝50000（元）

借：原材料　　50000

　　贷：工程物资　　50000

4. 支付工程人员工资时。

借：在建工程——生产线　　35000

　　贷：应付职工薪酬——工资　　30000

　　　　　　　　　　——福利费　　5000

5．支付其他各项支出时。

借：在建工程——生产线　　8000

　　贷：银行存款　　8000

6．工程完工，生产线交付使用。

转入固定资产的成本＝250000＋35000＋8000＝293000元

借：固定资产　　293000

　　贷：在建工程——生产线　　293000

如果在修建过程中还接受了辅助生产车间提供的劳务，则：

借：在建工程——生产线

　　贷：生产成本——辅助生产成本

在建工程领用材料

企业在自建固定资产时，除了购进的主要原材料外，还可能用到企业自身的产成品或者原材料。这样的情况下，企业的税务又有不同。

【实账处理】——修建员工宿舍领用原材料

已知某水泥生产企业要修建员工宿舍，购入各种物资18万元，支付的增值税税额为30600元，全部用于工程建设。同时，领用企业自产的水泥一批，实际成本为90000元，增值税税率为17%，工程人员的工资25000元，支付的其他费用10000元，宿舍完工并达到预定可使用状态。相关税务处理如下。

1．购入各种物资。

借：工程物资　　180000

　　应交税费——应交增值税（进项）　　30600

贷：银行存款　　130600

2．领用物资。

借：在建工程——员工宿舍　　180000

　　贷：工程物资　　180000

3．领用自产水泥。

增值税税额＝90000×17%＝15300（元）

借：在建工程——员工宿舍　　105300

　　贷：库存商品　　90000

　　　　应交税费——应交增值税（销项）　　15300

工程人员工资、其他费用和最终建造完成投入使用时的会计处理与上一个案例相同，这里就不再赘述。而如果企业领用的不是产成品，而是原材料，则在第3步时，将“库存商品”科目换成“原材料”科目即可，然后注明相应的金额。

投资者投入固定资产

投资者向企业投入的机器设备等固定资产，一方面企业增加固定资产，另一方面反映投资者投资额的增加。投入的固定资产要按投资双方签订的合同或协议约定的价值来确定固定资产价值（投资合同或协议约定价值不公允的除外）和在注册资本中应享有的份额，并入账。

【实账处理】——投资者向弘達包装投入一台大型设备

弘達包装在2016年11月1日开始修建生产线后，某大型设备生产公司于11月9日向弘達包装公司投入一台不需要安装的大型设备作为资本，价值24万元，相应的增值税进项税额为40800元。经约定，弘達包装公司接受该公司的投入资本为280800元，合同约定的固定资产价值与公允价值相符。不考虑其他因素，弘達包装公司应编制的会计分录和税务处理如下。

借：固定资产——大型设备　　240000

　应交税费——应交增值税（进项）　　40800

　贷：实收资本——某大型设备生产公司　　280800

企业取得增值税专用发票时，进项税可以认证抵扣销项税。如上述会计分录的编制，如果企业收到的是普通发票，则需全额计入固定资产价值，此时的会计分录如下。

借：固定资产——大型设备　　280800

　贷：实收资本——某大型设备生产公司　　280800

如果企业接受投资者投入的固定资产公允价值超过了该投资者在企业的占股比例计算出的实收资本，则会出现资本溢价的情况，比如该例子中，大型设备的公允价值为280800元，但投资者占有企业股份计算出的实收资本为280000元，则为如下分录。

借：固定资产——大型设备　　280800

　贷：实收资本——某大型设备生产公司　　280000

　　资本公积——资本溢价　　800

除此之外，企业还可能接受投资者作价投入的材料物资或无形资产。投入材料物资时，应按投资合同或协议约定价值确定材料物资价值（投资合同或协议约定价值不公允的除外）和在注册资本中应享有的份额。会计分录和税务处理如图4-4所示。

借：原材料 　应交税费——应交增值税（进项） 　贷：实收资本	或	借：原材料 　贷：实收资本

图4-4

若是接受以无形资产方式投入的资本，应按投资合同或协议约定价值确定无形资产价值（投资合同或协议约定价值不公允的除外）和在注册资本中应享有的份额。会计分录的编制和税务处理如下。

借：无形资产——非专利技术/土地使用权

应交税费——应交增值税（进项）

贷：实收资本

弘達包装公司10~11月生产环节税务工作

实际上，在企业日常生产过程中，与生产产品本身密切相关的税务很少，大多都是与生产有一些联系的业务涉及税务。本节内容将总结这一章的知识和涉及的税务，使得税务工作更有序且完整。

弘達包装公司2016年10~11月生产环节相关业务涉及的税费问题有如下一些，根据这些经济业务，可以计算出公司应缴纳的税额。

1．2016年10月15日，因管理不善导致原材料被盗，价值1500元，增值税255元，10月没有抵扣，所以不用做转出处理。

2．2016年10月底，2000元的原材料用于员工福利，需要转出的增值税进项税额为340元，因10月没有抵扣，所以不需做转出处理。

3．2016年10月发生的经济业务需要在11月进行抵扣的增值税进项税额为24971.9元。

4．2016年12月24日，给员工发放的福利使用了企业资产的塑料包装袋，价值300元，增值税销项税额为51元。

5．2016年11月初，委托其他公司生产塑料半成品，增值税进项税额为872元。

6．2016年11月1日起自建生产线，投入工程物资时价款30万元，增值税进项税额为51000元，当月抵扣30600元，2017年11月抵扣20400元。

7．2016年11月9日接受某大型设备生产公司投入的机器设备，价值24万元，增值税进项税额40800元，未收到增值税专用发票，该部分税额不予抵扣。

第4项业务中没有涉及增值税进项税额，销项税额发生在12月份，所以该经济活动的税务处理在12月进行。

第5项业务中既涉及进项税额，又涉及销项税额，且都发生在11月份，因此税务处理工作要在11月份进行。

第6项业务中有30600元的进项税额需要在11月份抵扣，还有20400元的进项税额需要在2017年11月份进行抵扣。

第7项业务产生的进项税额不在抵扣范围内，因此该部分税额不能从11月的销项税额中抵扣。因此，总结得出如下税费缴纳情况。

2016年11月可抵扣进项税额＝24971.9＋30600＋872＝56443.9（元）

2016年11月应纳增值税税额＝0－56443.9＝－56443.9（元）

2017年11月待抵扣增值税进项税额为20400元。而2016年11月，弘逵包装没有税费支出，只需做纳税申报，但还有56443.9元的增值税进项税额需要在12月进行抵扣。当12月企业按照第4项业务给员工发放福利时，会产生51元的销项税额。

Chapter
05

产品销售中会遇到的税务问题

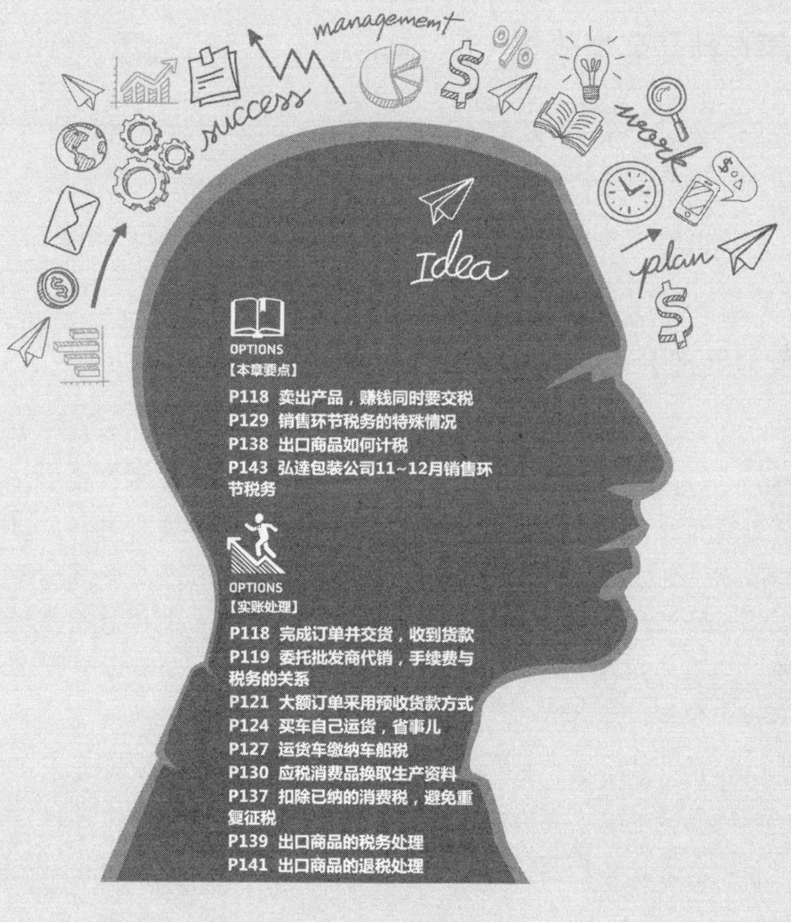

OPTIONS

【本章要点】

OPTIONS

【实账处理】

卖出产品，赚钱同时要交税

一般情况下，企业经营的目的就是赚钱，但是购买原材料和生产的过程几乎都是企业花钱的环节，所以卖出产品的环节是企业盈利的契机。但在卖出产品的过程中，企业需要缴纳各种税费，这将影响企业最终是否盈利或盈利多少。

卖出库存商品交增值税

企业的“卖出”行为涉及增值税（销项），因为从生产到销售，企业为了盈利，产品价值会增加，而这部分增加的价值按规定需要缴纳增值税，为了与增值税（进项）进行区分，所以有增值税（销项）的说法。

【实账处理】——完成订单并交货，收到货款

弘达包装公司2016年10月9日接到一个价值15万元的订单，大概150万个塑料袋，预测平均每天可生产5.8万个，那么可能需要26天才能完成订单。企业与购买方签订的合同中约定交货时间为11月9日，计划完成时间充足。那么在11月9日，企业将全部库存塑料袋交付给购买方时，向其开具增值税专用发票，票面金额为15万元，成本为12万元。可能的税务和会计分录如下（其中，销售收入会涉及企业所得税，将在第6章系统讲解）。

增值税（销项）税额＝150000×17%＝25500（元）

如果弘达包装收到购买方汇来的现金，则：

借：银行存款　　175500

　　贷：主营业务收入　　150000

　　　　应交税费——应交增值税（销项）　　25500

如果购买方没有马上付款，则应编制的会计分录如下。

借：应收账款　　175500

　　贷：主营业务收入　　150000

　　　　应交税费——应交增值税（销项）　　25500

后期收到货款后，需要编制如下所示的会计分录。

借：银行存款　　175500

　　贷：应收账款　　175500

企业发生非主营业务销售收入时，也要计提增值税销项税额，比如弘达包装公司销售原材料取得的销售收入要计提增值税（销项）。

如何处理委托代销的税务

委托代销商品即将商品移交他人代销，企业应当在收到代销单位转来代销清单时计算销售额和销项税额。而企业在收到代销清单前已经收到全部或部分货款的，收到货款的当天为纳税义务发生时间；对发出代销商品超过180天却仍未收到代销清单及货款的，视同销售，满180天的当天为纳税义务发生时间。

【实账处理】——委托批发商代销，手续费与税务的关系

弘達包装公司为了推广自己的新产品，决定委托多个批发商代销自己的塑料包装袋，包装袋的成本为0.08元/个，2016年11月15日找了5个批发商，每个批发商代销4500元的塑料包装袋，约50000个，共计25万个包装袋，按生产时的原料比例计算，这批塑料袋耗费了1.92吨聚乙烯。企业和各批发商约定，售出10000个获

得手续费30元，售价为0.1元/个。已知5位批发商在提交代销清单时交付相应货款，而最终收到的代销清单表明，总共售出245000个，相关会计分录和税务处理如下。

该批包装袋成本＝0.08×250000＝20000（元）

应收批发总价款＝0.1×245000＝24500（元）

支付的手续费＝245000/10000×30＝735（元）

1．委托代销，发出库存商品时。

借：库存商品——委托代销　　20000

　　贷：库存商品　　20000

2．商品交付完成。

借：应收账款　　28665

　　贷：主营业务收入　　24500

　　　　应交税费——应交增值税（销项）　　4165

同时，要结转该批产品的生产成本。

借：主营业务成本　　20000

　　贷：库存商品——委托代销　　20000

3．收到各批发商发来的手续费结算票据。

借：销售费用　　735

　　贷：应收账款　　735

4．收到批发商的代销货款。

实际应收账款＝28665－735＝27930（元）

借：银行存款　　27930

　　贷：应收账款——应收××批发商　　27930

剩余塑料袋销售款＝（250000－245000）×0.1＝500（元），应收账款＝500×（1＋17%）－5000/10000×30＝570（元）

上述案例中，如果各批发商将委托代销的商品都售完，则企业的应收账款为250000×0.1×（1＋17%）＝29250元，但因为要支付给批发商250000/10000×30＝750元的手续费，所以实际应收账款为28500元。

从中可以发现一个问题，批发商将所有委托代销塑料袋卖完，也只能收到250000×0.1＝25000元，但却需要交给企业28500元，其中多交的3500（元）是抵扣了手续费的增值税销项税额，对于批发商来说，这部分钱属于增值税进项税额，可以在收到企业开具的增值税专用发票后进行抵扣。

用预收款方式销售商品也涉税

预收款销售方式下，销售方直到收到最后一笔款项才将商品交付购货方，表明商品所有权上的主要风险和报酬只有在收到最后一笔款项时才转移给购货方，销售方通常应在发出商品时确认收入，同时确认应交增值税销项税额，在此之前预收的款项应确认为预收账款。

【实账处理】——大额订单采用预收货款方式

弘達包装公司在2016年10月底时，收到一个52万个包装袋的大订单，合约签订时间为11月初，合同约定的价款为78000元，单价为0.15元/个（78000/520000）。为了双方的利益，弘達包装采用预收货款方式向购买方销售该批塑料包装袋。

已知该批货物是委托其他生产企业生产的，实际成本为45169.28元（520000×0.086864），购买方在签订协议时预付60%的货款（按销售价格计算），剩余款项在一个月之后支付，即12月初。则相关会计分录和税务处理如下。

增值税销项税额＝78000×17%＝13260（元）

60%的货款＝78000×60%＝46800（元）

40%的货款＝78000×40%＝31200（元）

1．收到60%货款时。

借：银行存款　　46800

　　贷：预收账款　　46800

2．12月初收到剩余货款及增值税税款，交付商品。

借：预收账款　　46800

　　银行存款（40%余款和税费）　　44460

　　贷：主营业务收入　　78000

　　　　应交税费——应交增值税（销项）　　13260

同时，结转该批产品的生产成本。

借：主营业务成本　　45169.28

　　贷：库存商品　　45169.28

若购货方未付清款项，而弘達包装公司就发出了货物，则：

1．收到60%货款时。

借：银行存款　　46800

　　贷：预收账款　　46800

2．12月初未收到剩余货款，但货物已发出。

借：预收账款　　91260

　　贷：主营业务收入　　78000

　　　　应交税费——应交增值税（销项）　　13260

这样一来，期末企业的“预收账款”科目借方有余额，为44460元（91260－46800），表示购货单位应补付的货款为44460元；而如果是贷方有余额，则表示购货方已经预付而发货结算的款项。那么，当购货方补付款项时，会计分录如下。

借：银行存款　　44460

　　贷：预收账款　　44460

买运货车发生了车辆购置税

车辆购置税是对在境内购置规定车辆的单位和个人征收的一种税，它由车辆购置附加费（国家向购车单位和个人在购车时征收用于公路建设的专用资金）演变而来。该税种根据纳税人购置应税车辆的计税价格实行从价计征，以价格为计税标准，课税与价格直接发生关系，价格高者多征税，价格低者少征税，计算公式如下。

车辆购置税应纳税额＝计税价格×税率（10%）

公式中的计税价格不包括增值税税款、代收的保险费及车辆牌照费等，如果收到的增值税专用发票注明的价款包含了增值税，则应先扣除增值税税额再计算车辆购置税应纳税额，计算公式如下。

车辆购置税应纳税额＝发票价/（1＋17%）×10%

如果买的是进口车，计算公式如下。

计税价格＝关税完税价格＋关税＋消费税

车辆购置税有征税范围，不在范围内的车辆不缴纳车辆购置税。如表5-1所示的是车辆购置税的征税范围。

表 5-1

征收对象	具体情况描述
汽车	各类汽车
摩托车	轻便摩托车：最高设计时速不大于 50km/h，发动机气缸总排量不大于 50的两个或3个车轮的机动车；二轮摩托车：最高设计车速大于50km/h，或发动机气缸总排量大于 50 的两个车轮的机动车；三轮摩托车：最高设计车速大于 50km/h，发动机气缸总排量大于 50，空车质量不大于 400kg 的 3 个车轮的机动车
电车	无轨电车：以电能为动力，由专用输电电缆供电的轮式公共车辆；有轨电车：以电能为动力，在轨道上行驶的公共车辆

续表

征收对象	具体情况描述
挂车	全挂车：无动力设备，独立承载，由牵引车辆牵引行驶的车辆；半挂车：无动力设备，与牵引车共同承载，由牵引车辆牵引行驶的车辆
农用运输车	三轮农用运输车：柴油发动机，功率不大于7.4kW，载重量不大于500kg，最高车速不大于40km/h的3个车轮的机动车；四轮农用运输车：柴油发动机，功率不大于28kW，载重量不大于1500kg，最高车速不大于50km/h的4个车轮的机动车

很多中小型企业都有自己的运货汽车，这样处理货物时比较方便，但最初购买运货汽车时需要缴纳车辆购置税。该税种的征税范围由国务院决定并进行调整，其他任何部门、单位和个人无权擅自扩大或缩小车辆购置税的征税范围，保证了纳税人的利益。

【实账处理】——买车自己运货，省事儿

弘達包装公司为了方便以后货物的运输，减少运输费用的税务处理工作，2016年11月22日购进一辆专门运货的中型货车，价值10万元，取得增值税专用发票，发票注明金额为100000元，增值税税额为17000元，相关数据计算和税务处理如下。

车辆购置税应纳税额＝100000×10%＝10000（元）

在没有支付任何保险费和其他费用的情况下：

借：固定资产　　100000

　　应交税费——应交增值税（进项）　　17000

　　管理费用——车辆购置税　　10000

　　贷：银行存款/库存现金　　127000

有些企业会把车辆购置税和应交增值税计入固定资产的成本，而管理费用记录的是其他费用开支。已知弘達包装为这辆货车购买了3450元交强险，其他一些保险费一起总共约4600元/年。

借：固定资产　　12700

管理费用（保险费及其他费用）　　4600

贷：银行存款/库存现金　　17300

因为车辆购置税计入固定资产原值，不能像增值税或消费税一样可以抵扣，但可以作为购车的原始价值在以后合理使用年限内计提折旧，抵扣企业所得税。

2017年12月31日之前购置的新能源汽车，可免征车辆购置税。而且已缴纳车辆购置税的车辆，发生下列情形之一的，准予纳税人申请退税。

- 车辆退回生产企业或经销商的，提供生产企业或经销商开具的退车证明和退车发票就可申请退税。
- 符合免税条件的、设有固定装置的非运输车辆但已经征收车辆购置税的，可申请退税。
- 其他依据法律法规规定应予以退税的情形。

纳税人应向车辆登记注册地的主管国税机关申报缴纳车辆购置税；购置不需要办理车辆登记注册手续的应税车辆，应当向纳税人所在地的主管国税机关申报纳税。

车辆购置税与车船税傻傻分不清

车辆购置税和车船税是两种不同的税，从很多方面都可以看出两者的区别，做好税务工作的前提是要明确分辨两者的区别，如表5-2所示。

表 5-2

项目	车辆购置税	车船税
计算公式	计税价格 × 税率（10%）	年应纳税额 /12× 应纳税月份数

续表

项目	车辆购置税	车船税
计税依据	以计税价格为依据，然后按照相应的税率计算出税款	以汽车排量为依据，排量越高，车船税年基准税额越高。以乘用车为例，1 升（含）以下，年基准税额为 60~360 元；1 升以上至 1.6 升（含），年基准税额为 300~540 元；1.6 升以上至 2 升（含），年基准税额为 360~660 元等
税收优惠和退税	到 2017 年 12 月 31 日，购置的新能源汽车可免征车辆购置税。主要有 3 种可申请退税的情形，具体内容参照前述车辆购置税的内容	自 2012 年 1 月 1 日起，对节约能源的车辆减半征收车船税，而对使用新能源的车辆免征车船税。已经缴纳车船税的车船，发生下列情形之一的，准予纳税人申请退税：一是因质量原因，车船被退回生产企业或经销商的，可向纳税所在地的主管税务机关申请退还自退货月份起至该纳税年度终了期间的税款；二是在一个纳税年度内，已完税的车船被盗抢、报废或灭失的，可凭有关管理机关出具的证明和完税凭证，向纳税所在地的主管税务机关申请退还自被盗抢、报废或灭失月份起至该纳税年度终了期间的税款

车船税是指对在我国境内应依法到公安、交通、农业、渔业及军事等管理部门办理登记的车辆和船舶，按照规定的计税依据和年税额标准计算征收的一种财产税。有车一族需要在投保交强险时缴纳车船税。除了规定减免车船税的车船外，该税的征税范围如图5-1所示。

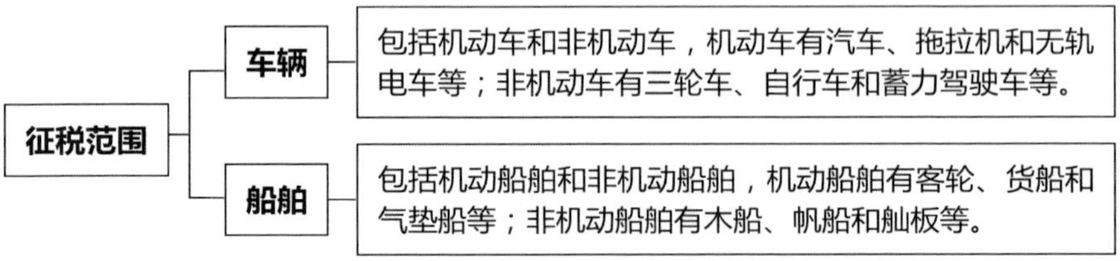

图5-1

根据《中华人民共和国车船税法》的规定，货车将按其整备质量（空车重量）据实作为计税依据，每吨年基准税额为16~120元不等。而客车的车船税可以排量或车型大小作为计税依据，比如以载客汽车为例，微型客车每年车船税额幅度为60~480元、小型客车360~660元、中型客车420~660元及大型客车480~660元。下面通过具体案例来了解车船税的处理。

【实账处理】——运货车缴纳车船税

弘達包装公司2016年11月22日购进的一辆专门运货的中型货车，价值10万元，已知其整备重量为6吨，适用的年基准税额为96元/吨。相关数据计算和税务处理如下。

2016年车船税应纳税额＝6×96/12×2＝96（元）

11月应缴纳的车船税＝6×96/12＝48（元）

1. 11月份终了，公司计算出应缴纳的车船使用税税额。

借：税金及附加　　48

　　贷：应交税费——应交车船税　　48

2. 缴纳税款时。

借：应交税费——应交车船税　　48

　　贷：银行存款　　48

按规定，车船税按年征收，分期缴纳，具体纳税期限由省、自治区和直辖市等人民政府规定。已知弘達包装公司买车后，在11月23日缴纳交强险时，将当年的车船税一并交给了保险公司。

1. 计算应缴纳税款时。

借：税金及附加　　96

　　贷：应交税费——应交车船税　　96

2. 支付车船税给保险公司时。

借：应交税费——应交车船税　　96

　　贷：银行存款/库存现金　　96

缴纳车船税的地点

理论上来说，纳税人可以到3个地方缴纳车船税，一是地税局，二是车管所，三是保险公司。一般去地税局缴纳车船税比较麻烦，所以很少有人会亲自到地税局缴税。

部分纳税人会在车管所缴车船税，因为很多车辆在每年验检时有一个条件就是一定要保证当年的车船税已经完成缴纳。所以有些地方的车管所为了让纳税人在缴税时更加方便，会开设缴纳车船税的服务窗口。而当下，车船税的纳税人经常会在保险公司给车买车险的时候顺便就缴纳了车船税，不仅节省时间，而且安全性也比较高。

“营改增”后，保险公司把相应保费开具了增值税专用发票，但一般车船税却连普通发票都开不了，只在交强险发票的备注栏里注明纳税人缴了多少钱的车船税，这种情况下，企业又将如何进行税务处理呢？

企业可以凭保险公司开具的专用发票进行报账，财务处理中做车船税的相关分录，但该税费不能抵扣。

【实账处理】——办理交强险业务时缴纳车船税

某企业货车运输负责人在广州某一知名合资品牌车商的4S店里续保车险时，被要求出示车船税凭证，有时还会被要求当场交车船税。最初，很多人都以为是该店的霸王条款，但却不知这是广东全省范围内统一实施的新规，保险机构委托各车辆销售单位代收代缴车船税。

在新规实施后，投保人（纳税人）没有立即足额缴纳车船税的，代收代缴义务人不得将保单、保险标志和保费发票等票据交给投保人，直至投保人足额缴纳车船税或提供车辆登记地的主管地方税务机关出具的完税凭证或减免税证明。

车船税实行按年申报，分月计算，一次性缴纳，纳税年度为公历1月1日至12月31日。也就是说，企业每年申报车船税一次，并一次性缴纳，但每月需计算当月应缴纳税额并编制会计分录。

国内最有名的代收车船税的保险公司是平安车险（http://www.4008000000.com），具体情况可通过热线（400-821-9022）进行咨询咨询。

销售环节税务的特殊情况

在销售环节，不乏有一些正常程序以外的税务问题，这些问题的特殊性决定了税务处理工作与一般税务处理有所不同。比如，以应税商品换取生产资料的税务。

以应税商品换取生产资料

有时，企业和客户之间达成共识或签订协议，通过向债权人销售应税商品来换取生产资料。一般发生在企业流动资金不足、库存较多的时候，可以通俗地理解为“以物易物”。

【实账处理】——资金周转困难，以库存商品还材料款

2016年11月28日，弘达包装公司向某一老供应商购买2吨聚丙烯，每吨大概5900元，总价值为11800元，收到供应商开具的增值税专用发票，票上注明金额为11800元，增值税税额为2006元。而弘达包装给供应商开具了一张到期日为2016年12月28日的商业票据。临近28日的付款日期，弘达包装没有足够的流动资金支付该笔货款，于是找供货商商量，以弘达包装公司生产的塑料袋还款，看在双方长期合作的份儿上，供应商同意了这一付款方式。

已知弘达包装销售给供应商总价值为11800元的塑料袋，单价为0.1元/个，成本为0.085元/个，相关税务处理如下。

塑料袋个数＝11800/0.1＝11.8（万个）

总成本＝118000×0.085＝10030（元）

应付账款＝11800＋2006＝13806（元）

1. 结转该批货物的成本。

借：库存商品　　10030

　　贷：主营业务成本　　10030

2. 销售库存商品给供应商。

借：应收账款　　13806

　　贷：主营业务收入　　11800

　　　　应交税费——应交增值税（销项）　　2006

3. 抵偿应付账款时。

借：应付票据　　11800

　　应交税费——应交增值税（进项）　　2006

　　贷：应收账款　　13806

根据该批塑料袋的个数可大致推算出使用了0.9077（11.8/13）吨聚乙烯。

如果纳税人换取生产资料和消费资料等所使用的是应税消费品，则纳税人应当以同类应税消费品的“最高”销售价格作为计税依据计算应缴纳的消费税税额。

【实账处理】——应税消费品换取生产资料

某公司2016年9月销售给A公司实木地板150箱，增值税专用发票上注明的销售单价为1500元/箱；销售给B公司同类实木地板150箱，增值税专用发票上注明的销售单价为1600元/箱；此外，该公司将60箱同类实木地板发给其原材料供应商以抵偿上月的应付货款。已知，实木地板的消费税税率为5%。

本例中，纳税人用于抵偿债务的应税消费品，应当以同类应税消费品的最高销售价格1600元/箱（而非平均价格1550元/箱）作为计税依据计征消费税。相关税务处理如下。

公司应纳消费税＝（1500×150＋1600×150＋1600×60）×5%＝28050（元）

销售给供应商的产品收入＝1600×60＝96000（元）

应交增值税＝96000×17%＝16320（元）

换取生产资料的应交消费税＝96000×5%＝4800（元）

1．发应税消费品给供应商。

借：应收账款	117120	
贷：主营业务收入		96000
应交税费——应交增值税（销项）		16320
应交税费——应交消费税		4800

2．抵扣应付账款时。

借：应付账款	117120	
贷：应收账款		117120

以商品作为福利发给员工时产生的税务

有些企业以自身生产的产品作为福利发给自己的员工，此时需要确认主营业务收入，同时结转相关成本，涉及增值税销项税额的，还要进行税务处理。

【实账处理】——自产商品作为福利，视同销售要交税

某公司以生产销售电暖器为主营业务，临近年关，公司决定把自己生产的电暖器作为福利发放给员工，总共发放了300台。已知市面上同类产品的平均售价为350元/台，而生产这些电暖器的成本为200元/台。相关数据计算和税务处理如下。

应确认的主营业务收入＝300×350＝105000（元）

应确认的增值税销项税额＝105000×17%＝17850（元）

应结转的销售成本＝300×200＝60000（元）

借：应付职工薪酬——非货币性福利　　122850

　　贷：主营业务收入　　105000

　　　　应交税费——应交增值税（销项）　　17850

借：主营业务成本　　60000

　　贷：库存商品——电暖器　　60000

如果企业支付租赁住房等资产供员工无偿使用所发生的租金时，应编制的会计分录又会不同。

借：应付职工薪酬——非货币性福利

　　贷：银行存款/库存现金

视同销售有3种情况，一是增值税上的视同销售，二是企业所得税上的视同销售，三是会计上的视同销售，如图5-2所示。

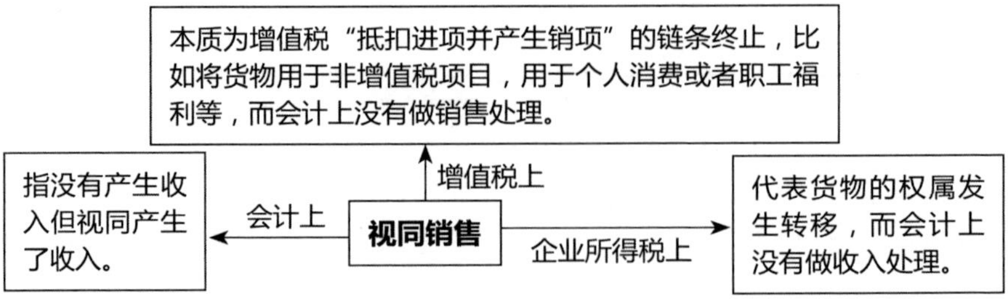

图5-2

什么时候会涉及消费税

消费税是以特定消费品为课税对象所征收的一种税，属于流转税。在对货物普遍征收增值税的基础上，选择少数消费品再征收消费税，目的是调节产品结构，引导消费方向，保证国家财政收入。如表5-3所示的是一些特定消费品。

表 5-3

品种	详细说明
烟	凡以烟叶为原料加工生产的产品，不论使用何种辅料，均属于本税目的征收范围。甲类烟卷：每标准条（200 支）调拨价格在 70 元（不含增值税）以上（含 70 元）的卷烟，从价税率为 56%；乙类烟卷：每标准条（200 支）调拨价格在 70 元（不含增值税）以下的卷烟，从价税率为 36%；雪茄烟：以晾晒烟为原料或以晾晒烟和烤烟为原料，烟叶、卷烟纸或烟草薄片作为烟支内包皮，烟叶作为烟支外包皮，经机器或手工卷制而成的烟草制品，从价定额税率为 36%；烟丝：将烟叶切成丝状、粒状、片状、末状或其他形状，再加入辅料，经过发酵、储存，不经卷制即可供销售吸用的烟草制品，征收税率为 30%
酒	白酒：以高粱、玉米、大米、糯米、大麦、小麦、小米、青稞、白薯 (红薯、地瓜)、木薯、马铃薯 (土豆)、芋头和山药等各种粮食和薯类为原料，经过糖化、发酵后采用蒸馏方法酿制的酒，实行从价税率 20% 和从量税率 0.5 元 / 斤；黄酒：以糯米、粳米、籼米、大米、黄米、玉米、小麦和薯类等为原料，经加温、糖化、发酵和压榨酿制的酒，税率为 240 元 / 吨；啤酒：以大麦或其他粮食为原料，加入啤酒花，经糖化、发酵和过滤酿制的含有二氧化碳的酒，甲类税率为 250 元 / 吨，乙类税率为 220 元 / 吨；其他酒：包括糠麸白酒、其他原料白酒、土甜酒、复制酒、果木酒、汽酒和药酒等，税率为 10%
鞭炮、焰火、成品油	鞭炮、焰火：喷花类、旋转类、旋转升空类、火箭类、吐珠类、线香类、小礼花类、烟雾类、造型玩具类、爆竹类、摩擦炮类、组合烟花类和礼花弹类（体育上用的发令纸，鞭炮药引线，不按本税目征收），征收税率为 15%；汽油：含铅与不含铅汽油的税率都为 1.52 元 / 升（工业汽油不属于本税目征收范围）；柴油：包括轻柴油、重柴油、农用柴油和军用轻柴油，税率 1.2 元 / 升；另外，航空煤油和燃料油的税率也为 1.2 元 / 升，石脑油、溶剂油和润滑油的税率为 1.52 元 / 升
化妆品	征收范围有香水、香水精、香粉、口红、指甲油、胭脂、眉笔、唇笔、蓝眼油、眼睫毛和成套化妆品等，舞台、戏剧与影视演员化妆用的上妆油、卸妆油、油彩、发胶和头发漂白剂等，不属于本税目征收范围，税率为 30%

续表

品种	详细说明
摩托车、小汽车	摩托车：气缸容量250毫升（含）以下的，税率为3%，气缸容量250毫升以上的，税率为10%；小汽车：气缸容量1升（含）以下的，税率为1%，气缸容量1升以上至1.5升（含）的，税率为3%，气缸容量1.5升以上至2升（含）的，税率为5%，气缸容量2升以上至2.5升（含）的，税率为9%，气缸容量在2.5升以上至3升（含）的，税率为12%，气缸容量在3升以上至4升（含4）的，税率为25%，气缸容量在4升以上的，税率为40%；中轻型商用客车税率5%
贵重首饰及珠宝玉石	征收范围是以金、银、白金、宝石、珍珠、钻石、翡翠、珊瑚、玛瑙等高贵稀有物质以及其他金属、人造宝石等制作的各种纯金银首饰及镶嵌首饰(含人造金银、合成金银首饰等)，以及钻石、珍珠、松石、青金石、欧泊石、橄榄石、长石、玉、石英、玉髓、石榴石、锆石、尖晶石、黄玉、碧玺、金绿玉、绿柱石、刚玉、琥珀、珊瑚、煤玉、龟甲、合成刚玉、合成宝石、双合石及玻璃仿制品等。其中，金银首饰、铂金首饰、钻石及钻石饰品的税率为5%，其他贵重首饰和珠宝玉石的税率为10%
其他	高尔夫球及球具的税率为10%；高档手表20%；游艇10%；木制一次性筷子5%；实木地板5%；铅蓄电池4%（无汞原电池、金属氢化物镍蓄电池、锂原电池、锂离子蓄电池、太阳能电池、燃料电池和全钒液流电池）；无汞原电池、金属氢化物镍蓄电池、锂原电池、锂离子蓄电池、太阳能电池、燃料电池和全钒液流电池等免征消费税；涂料：税率为4%，施工状态下挥发性有机物含量低于420克/升（含）的涂料免征消费税

消费税实行价内税，只在应税消费品的生产、委托加工和进口环节缴纳，在以后的批发、零售等环节，因为价款中已包含消费税，因此不用再缴纳消费税。

消费税的纳税人是我国境内生产、委托加工、零售和进口《中华人民共和国消费税暂行条例》规定的应税消费品的单位和个人。具体有：在我国境内生产、委托加工、零售和进口应税消费品的国有企业、集体企业、私有企业、股份制企业、其他企业、行政单位、事业单位、军事单位、社会团体和其他单位、个体经营者及其他个人。

需要注意的是，有些应税消费品在生产、委托加工、零售或进口等环节适用的消费税税率可能会有所不同，需按实际情况下的税率进行缴纳。

【实账处理】——委托加工白酒涉及的消费税

某酒厂2016年3月，从农业生产者手中收购粮食10万公斤，收购凭证上注明收购金额为80000元，运费发票上列明支付运输费用4000元，装卸费1500元。领用收购的粮食委托其他酒厂加工成粮食白酒22.5吨，对方收取加工费20000元，并开具专用发票，而受托方没有同类产品售价。相关数据计算和税务处理如下。

可抵扣的进项税＝80000×17%＋4000×7%＝13880元

粮食采购成本＝80000＋4000＋1500－13880＝71620元

组成计税价格＝（71620＋20000＋22.5×1000×2×0.5）/（1－20%）＝142650元

应交消费税＝142650×20%＋22.5×1000×2×0.5＝51030元

委托加工应纳增值税＝20000×17%＝3400元

1．购进粮食时。

借：原材料	85500	
应交税费——应交增值税（进项）	13880	
贷：银行存款		99380

2．委托加工支付款项时。

借：库存商品	60000	
应交税费——应交增值税	3400	
——应交消费税	51030	
贷：银行存款		114430

已缴纳消费税的扣除

在计算消费税时，一般情况下谈不上抵扣的问题，只有当外购或委托加工收回的主要原材料（如烟丝）已经缴纳过消费税时，为避免重复征税，在计算“最终产品”（如卷烟）的消费税时，才会出现抵扣的问题，即已纳消费税的扣除。比如，甲卷烟厂将“自己生产”的烟丝连续生产卷烟，对烟丝移送时未征收消费税，则在计算卷烟的消费税时就不存在抵扣问题；而如果甲卷烟厂将外购或委托加工收回的烟丝连续生产卷烟，由于外购或委托加工收回的烟丝已经缴纳过消费税，因此在计算卷烟的消费税时会进行扣除。如图5-3所示的是一些准予扣除消费税的情形。

图5-3

当期准予扣除的外购或委托加工收回的应税消费品的已纳消费税税额，应按当期实际生产领用数量为依据来计算。比如，外购的应税消费品缴纳了4000元的消费税，但当期生产领用的应税消费品对应缴纳的消费税为2000元，则当期可以扣除的消费税为2000元而不是4000元。

在计算当期增值税应纳税额时，如果取得增值税专用发票并通过认证的，当期就可全额抵扣，与“实际生产领用数量”无关。

【实账处理】——扣除已纳的消费税，避免重复征税

某卷烟厂（增值税一般纳税人）2016年9月初外购了250万元（不含增值税）的烟丝，取得增值税专用发票。当月领用80%的烟丝用于生产甲类卷烟，共生产50标准箱，当月全部销售取得不含税销售额500万元。已知烟丝的消费税税率为30%，甲类卷烟消费税的比例税率为56%，每标准箱卷烟的定额税率为150元。相关数据计算和税务处理如下。

当期应纳消费税＝5000000×56%＋50×150－2500000×80%×30%＝2207500元

当期应纳增值税＝5000000×17%－2500000×17%＝425000元

在当期应纳消费税的计算过程中，（5000000×56%＋50×150）为卷烟的复合计税方式下的应纳消费税额，而（2500000×80%×30%）是当期实际领用烟丝数量涉及的已纳消费税额，属于可以扣除的范围，所以需要从复合计税方式下得出的应纳消费税额中扣除这部分消费税。因此，当期应纳消费税就是（5000000×56%＋50×150－2500000×80%×30%）。

关于消费税，有如下一些特殊规定：第一，委托方将收回的应税消费品以不高于受托方的计税价格出售的，视为直接销售，不再缴纳消费税；以高于受托方计税价格出售的，需按照规定申报缴纳消费税，在计税时准予扣除受托方已经代收代缴的消费税；第二，卷烟批发企业在计算纳税时（从价计征消费税），不得扣除已含的生产环节的消费税税款；第三，纳税人用外购或委托加工收回的已税珠宝、玉石为原料生产的、改在零售环

节征收消费税的金银首饰或镶嵌首饰，在计税时一律不得扣除外购或委托加工涉及的已纳消费税税款；第四，对自己不生产应税消费品而只是购进后再销售应税消费品的工业企业，其销售的化妆品、鞭炮、焰火、珠宝及玉石等，凡是不能构成最终消费品直接进入消费品市场且需进一步生产加工的，应征收消费税，同时允许扣除上述外购应税消费品的已纳税款。

出口商品如何计税

出口商品不仅涉及增值税，特殊的出口商品还会涉及消费税。为了更好地掌握出口商品的税务处理工作，我们需要了解出口商品的计税依据和方法，然后通过实际案例深入认识出口商品的税务问题。

计税依据与方法

出口商品按规定要缴纳增值税，特殊情况下还会缴纳消费税，其中涉及“当期内销货物的销项税额”、“当期出口货物离岸价”、“外汇人民币牌价”、“征税率”、“当期全部进项税额”及“退税税率”等。相关计税公式如下。

当期应纳税额 = 当期内销货物的销项税额 + 当期出口货物离岸价 × 外汇人民币牌价 × 征税率 − 当期全部进项税额

当期进项税额包括当期全部国内购料、水电费、允许抵扣的运输费和当期海关代征增值税等税法规定可抵扣的进项税额。而外汇人民币牌价应按财务制度规定的两种办法确定，即国家公布的当日牌价或月初、月末牌价的平均价，方法一旦确定，企业在一个纳税年度内不得更改。

企业实际销售收入与出口货物报送单、外汇核销单上记载的金额不一致时，税务机关按金额大的征税。同时，应纳税额小于零的，结转到下期抵减应交税额。

【实账处理】——出口商品的税务处理

弘达包装公司2016年12月15日出口了一批塑料包装袋90万个，成本为27万元。其中80万个以FOB价（离岸价格、船上交货价格）成交，每个0.09美元，人民币外汇牌价为1:6.9025元（1人民币＝0.1449美元）；10万个以CIF价格（到岸价格）成交，每个0.14美元，总共支付运费144.9美元，保险费72.45美元，佣金14.49美元。当期（12月）实现内销塑料袋的确认收入为43000元（31200＋11800），销项税额为15266元（13260＋2006），当月准予抵扣的进项税额为零。相关数据计算和税务处理如下。

出口自产货物销售收入＝离岸价格×外汇人民币牌价＋（到岸价格－运输费－保险费－佣金）×外汇人民币牌价

出口自产货物销售收入＝0.09×6.9025×800000＋0.14×6.9025×100000－（144.9＋72.45＋14.49）/0.1449＝592015（元）

当期应纳税额＝当期内销货物的销项税额＋当期出口货物离岸价格×外汇人民币牌价×征税率－当期全部进项税额

当期应纳税额＝15266＋592015×17%－0＝115908.55（元）

若后期弘达包装公司没有再发生销项税额，则12月份应纳税额为115908.55元。

很多有出口业务的企业与境外客户打交道时，因业务需要会出口一些样品或者广告品。新政策对货样或广告品的税务处理做了如下的规定。

- 出口货样或广告品，符合退税条件的，可以申请出口退税，也可以免税。
- 免费向境外企业提供货样或广告品的，不能退税，只能选择免税，如果境外企业外购的样品没有进货发票，则需要征税。
- 对于非免税提供的货样或广告品，也可选择“一般贸易”方式出口，若选择该模式，则直接把货样或广告品作为货物出口，确认收入及申报退税即可。
- 由于企业申报的是货样或广告品，因此，涉及的税费直接按销售费用处理，而汇算清缴时需要视同销售，调整收入和成本。

出口退税

出口退税是指对出口商品已征收的国内税，部分或全部退还给出口商的一种措施，这是国际惯例。出口货物退（免）税，简称出口退税，基本含义是指对出口货物退还其在国内生产和流通环节实际缴纳的产品税、增值税、营业税和特别消费税。出口货物退税制度，是一个国家税收制度的重要组成部分。如表5-4所示的是部分出口退税优惠政策。

表 5-4

序号	出口退税优惠政策
1	对报关出口货物退还在国内各环节(生产、流通环节)按税法规定缴纳的增值税和消费税，或免征应纳税额
2	以“来料加工”方式进口的货物，免征进口环节的增值税和消费税，加工复出口后，免征加工费的增值税和消费税
3	外商投资企业采购国产设备享受退税
4	国产钢材“以产顶进”
5	新疆棉“以出顶进”
6	高新技术产品退税率与征税率一致

续表

序号	出口退税优惠政策
7	对境外带料加工装配业务所使用的出境设备、原材料和散件，实行出口退税
8	对利用政府贷款或国际金融组织贷款、通过国际招标且由国内企业中标的机电产品退税

提示：什么是“以产顶进”、“以出顶进”

以产顶进是指经国家有关经贸部门审批，对目前国内尚无法加工生产、需在境外购买的商品，可准许在境内的三资企业购买以替代进口，这种贸易方式称为以产顶进。

以出顶进是指出口企业将出口产品销售给需要进口同种产品的国内企业、单位，以替代进口，并用外汇进行结算的一种贸易方式。

【实账处理】——出口商品的退税处理

在上一个案例的基础上，结合塑料包装袋的出口退税率13%，可以计算出该批出口货物当期应退税额。计算方法如下所示。

当期应退税额＝当期出口货物离岸价格×外汇人民币牌价×退税税率

当期应退税额＝592015×13%＝76961.95（元）

1．实行免、抵、退办法且有进出口经营权的企业，按规定当期出口货物不予免征、抵扣和退税的税额，计入出口货物成本。

借：主营业务成本

　　贷：应交税费——应交增值税（进项税额转出）

按规定当期应准予抵扣的税额，应做如下处理。

借：应交税费——应交增值税（出口抵减内销产品应纳税额）

　　贷：应交税费——应交增值税（出口退税）

如果是应该抵扣的税额大于应纳税额而导致当期未全部抵扣的，应按规定予以退回税款。

借：其他应收款——应收出口退税

　　贷：应交税费——应交增值税（出口退税）

借：银行存款

　　贷：其他应收款——应收出口退税

2. 未实行免、抵、退办法的企业，货物出口销售时，按当期出口货物应收的款项，借记“应收账款”等科目，按规定计算的应收出口退税，借记“其他应收款——应收出口退税”。

按规定计算的不予退回的税费时。

借：主营业务成本（不予退回的税费）

　　贷：主营业务收入（当期出口货物实现的销售收入）

　　　　应交税费——应交增值税（销项）

收到退回的税费时。

借：银行存款

　　贷：其他应收款——应收出口退税

除经国家批准属于进料加工复出口贸易外，下列出口货物不予退还或免征增值税、消费税。

- ◆ 原油、援外出口货物、糖及国家禁止出口的货物（天然牛油、麝香、铜和铜基合金及白金等）。
- ◆ 出口企业从小规模纳税人手中购进并持普通发票的货物，不论是内销或出口，均不得实行扣除或退税。但对抽纱、工艺品、香料油、山货、草柳竹藤制品、渔网渔具、松香、五倍子、生漆、鬃尾、山羊板皮和纸制品等出口货物，考虑其占出口比重较大和其生产、采购的特殊因素，特准予扣除或退税。

弘達包装公司11~12月销售环节税务

与进购环节涉及的增值税（进项）对应，销售环节有增值税（销项），有时还会涉及消费税。通过本章的学习，我们可以掌握销售环节可能需要处理的税务，下面通过列举的方式理顺本章中弘達包装公司的经济业务。

由于某些经济业务发生的时间是11月，但涉及钱的收支却在12月，所以下面将列举部分11月发生的业务和12月的业务。

1．2016年11月生产的自用包装袋，在12月24日发放员工福利时使用，视同销售，涉及增值税销项税额为51元。

2．2016年11月未抵扣完的增值税进项税额有56443.9元，需要从12月的增值税销项税额中抵扣。

3．2016年11月9日，交付货物，订单约定金额为15万元，增值税销项税额为25500元。

4．2016年11月15日找人代销，当月获得的代销总收入为24500元，增值税销项税额为4165元。

5．2016年10月底收到一个大额订单，总金额为78000元，11月收到60%的预付款，即46800元；12月收到余下货款31200元，同时计算出应缴纳的增值税销项税额为13260元。

6．2016年11月22日，购进一辆中型货车，价值10万元，增值税进项税额为17000元，车辆购置税为10000元（可抵扣企业所得税）。

7．2016年11月22日购进的货车还需要一次性缴纳当年的车船税96元，但会计处理是每月计算一次，这样每月计算的车船税为48元。

8．2016年11月28日，购进一批聚丙烯，价值11800元，增值税进项税额为2006元；同时销售给聚丙烯供应商11800元的塑料袋用于抵债，涉及增值税销项为2006元。

9．2016年12月15日，出口一批塑料包装，销售收入为592015元，涉及的增值税销项税额为100642.55元，而出口退税金额为76961.95元。

计算出的11月增值税销项税额为25500＋4165＋2006＝31671元，销售环节在11月还发生了19006元（17000＋2006）的增值税进项税额，所以11月应纳增值税税额应从－56443.9元变成－43778.9元（－56443.9－19006＋31671），即11月未抵扣完而需要从12月销项税额中抵扣的增值税进项税额为43778.9元，而不是56443.9元。同时，11月还要缴纳10000元的车辆购置税和96元的车船税。

12月增值税销项税额＝51＋13260＋100642.55＝113953.55（元）

12月应交增值税＝113953.55－43778.9＝70174.65（元）

12月应交城市维护建设税＝70174.65×7%＝4912.23（元）

12月应交教育费附加＝70174.65×（3%＋2%）＝3508.73（元）

由于12月份涉及出口退税，所以弘达包装公司12月份实际支出的税费是1633.66元（70174.65＋4912.23＋3508.73－76961.95）。同时还要继续确认，2017年10月有待抵扣增值税进项税额19256元，2017年11月有待抵扣增值税进项税额20400元。

Chapter

06

其他经营活动的涉税情况

OPTIONS

【本章要点】

OPTIONS

【实账处理】

城镇土地使用税与耕地占用税

城镇土地使用税与耕地占用税都与土地有关，而生产性企业一般会借助工厂来进行产品生产，其间都会缴纳这两种税。下面就来详细了解这两个税种在实际经营过程中的“足迹”。

企业占用土地经营要交税

耕地占用税是国家对占用耕地建房或从事其他非农业建设的单位和个人，依据实际占用耕地面积，按照规定税额一次性征收的一种税，该税属于行为税，具有如图6-1所示的鲜明特点。

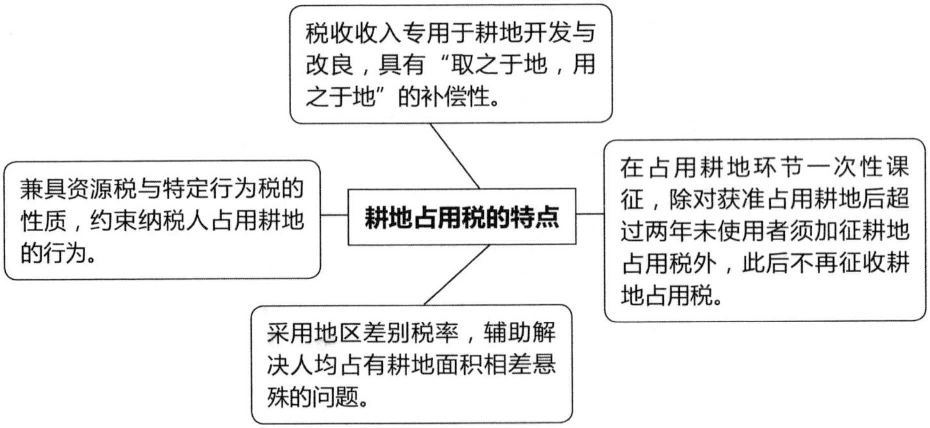

图6-1

所谓的耕地，是指种植农业作物的土地，包括菜地、园地等。其中，园地包括花圃、苗圃、茶园、果园、桑园和其他种植经济林木的土地。占用鱼塘及其他农用土地建房或从事其他非农业建设，也视同占用耕地，必须依法征收耕地占用税。而占用已开发的、从事种植或养殖的滩涂、草场、水面和林地等非农业建设，由省、自治区和直辖市本着有利于保护土地资源和生态平衡的原则，结合具体情况确定是否征收耕地占用税。

由于国内不同地区之间人口和耕地资源的分布极不平衡，所以根据耕地占用税的特点可知不同地区的耕地占用税税率不同，如表6-1所示为2016年各地区的耕地占用税税率。

表 6-1

地区	每平方米平均税额（单位：元）
上海	45
北京	40
天津	35
江苏、浙江、福建、广东	30
辽宁、湖北、湖南	25
河北、安徽、江西、山东、河南、重庆、四川	22.5
广西、海南、贵州、云南、山西	20
山西、吉林、黑龙江	17.5
内蒙古、西藏、甘肃、青海、宁夏、新疆	12.5

耕地占用税以纳税人实际占用的耕地面积为计税依据，按适用的定额税率计税，计算公式如下。

应纳耕地占用税税额 = 实际占用耕地面积（平方米）× 适用定额税率

与其他税种类似，耕地占用税也有相应的税收优惠，即免征或减征。军事设施、学校、幼儿园、养老院及医院等建筑占用耕地时，免征耕地占用税。而减征的情形有如下一些。

- 铁路线路、公路线路、飞机场跑道、停机坪、港口及航道等占用耕地，减按每平方米2元的税额征收耕地占用税。
- 农村居民占用耕地新建住宅，按当地适用税额减半征收。

◆ 农村烈士家属、残疾军人、鳏寡孤独以及革命老根据地、少数民族聚居区和边远贫困山区生活困难的农村居民，免征或者减征耕地占用税。

耕地占用税可分期缴纳，按月、按季、按半年或按年缴纳，但税务机关做一次性征收处理。

【实账处理】——缴纳耕地占用税

已知某公司地处广东省，成立于2016年。建造工厂时占用耕地面积35000平方米，耕地占用税的税率按照如表6-1所示的标准确认，分10年缴纳。相关数据计算和税务处理如下。

应交耕地占用税＝35000×30＝1050000（元）

每年应交耕地占用税＝1050000/10＝105000（元）

实际缴纳耕地占用税时，每年都要做相同的会计分录。

确定城镇土地使用税的应税额

城镇土地使用税是以开征范围内的土地为征税对象，以实际占用的土地面积为计税标准，按规定税额对拥有土地使用权的单位和个人征收的一种资源税。纳税义务人是指在城市、县城、建制镇和工矿区范围内使用土地的单位和个人。如表6-2所示的是2016年城镇土地使用税税率标准。

表 6-2

地区	每平方米平均税额（单位：元 / 年）
大城市	1.5 ～ 30
中等城市	1.2 ～ 24
小城市	0.9 ～ 18
县城、建制镇、工矿区	0.6 ～ 12

城镇土地使用税按年征收，分期缴纳，可月缴、季缴、半年缴或年缴。根据实际使用土地的面积，按规定的税额交税，其计算公式如下。

应纳城镇土地使用税税额 = 应税土地的实际占用面积 × 适用单位税额

国家预算收支单位的自用地和国有重点扶植项目，免征土地使用税。具体免征的项目如图6-2所示。

免征土地使用税的项目

- 国家机关、人民团体或军队自用的土地。但如果是对外出租、经营使用，则还是要交土地使用税。
- 由国家财政部门拨付事业经费的单位自用土地。
- 宗教寺庙、公园和名胜古迹自用土地。如果是经营用地，则不免。
- 市政街道、广场和绿化地带等公共用地。
- 直接用于农、林、牧、渔业的生产用地。
- 经批准开山填海整治的土地和改造的废弃土地，从使用的月份起免缴城镇土地使用税5年至10年。
- 非营利性医疗机构、疾病控制机构和妇幼保健机构等卫生机构自用的土地。其中，营利性医疗机构自用的土地免征3年。
- 企业办的学校、医院、托儿所和幼儿园，其用地能与企业其他用地明确区分的，免征城镇土地使用税。
- 免税单位无偿使用纳税单位的土地（如公安、海关等单位使用铁路、民航等单位的土地），免征城镇土地使用税。
- 行使国家行政管理职能的中国人民银行总行(含国家外汇管理局)所属分支机构自用的土地。

图6-2

【实账处理】——应纳城镇土地使用税

按照相关规定，上一案例中的公司不属于免征土地使用税的纳税人范围，因此需要缴纳土地使用税。已知适用的税率标准为每平方米25元/年，采用月缴的方式缴纳税费。相关数据计算和税务处理如下。

2016年应交土地使用税＝35000×25＝875000（元）

2016年每月应交土地使用税＝875000/12≈72917（元），每月计算要缴纳的土地使用税时：

借：管理费用——税费　　72917

　　贷：应交税费——应交城镇土地使用税　　72917

房产在那儿，不交税不行

房产税是以房屋为征税对象，向产权所有人征收的一种财产税。因此，如果企业厂房的产权属于企业所有，那么必须要缴纳房产税。而房产税的计税依据是房屋的计税余值或租金收入，下面来认识房产税的具体缴纳情况。

企业厂房空置，资金收益交税

在生产经营过程中，有一些企业的经营规模较小，这就可能会造成厂房空置的问题。为了不让资源浪费，同时为企业经营提供额外的资金支持，企业很可能对外出租厂房，此时获得的收入需缴纳房产税。房产税一般按年征收，分期缴纳。此时需要到房产所属地的税务机关纳税。

按照房产余值征税的计税依据称为从价计征，一般是按房产原值一次扣减10%～30%后的余值计算缴纳，而具体的扣除比例由省、自治区或直辖市人民政府在税法规定的减除幅度内自行确定，计算公式如下。

应交房产税＝应税房产原值×（1－扣除比例）×年税率1.2%

另一种按照房产租金收入征税的计税依据称为从租计征，税率为12%，计算公式如下。

应交房产税＝租金收入×12%

需要注意的是，企业如果在建造该房产时已经从价计征房产税，则在获得租金收入时不再对该收入计征房产税。

【实账处理】——出租厂房的租金收入要交税

已知弘達包装公司在2016年10月改建成生产车间的食堂原值为50万元，已缴过房产税。2016年12月，企业订单量减少，该生产车间又闲置下来。在没有缴纳过房产税的情况下，假设以每月6000元/月的租金外租给其他生产商使用，每季度缴纳一次房产税。相关数据计算和税务处理如下。

应交房产税＝6000×12×12%/4＝2160（元）

借：管理费用　　2160

　　贷：应交税费——应交房产税　　2160

企业自有厂房也得交税

一般情况下，企业自建、自有的房产都会按照从价计征的计税依据计算需要缴纳的房产税。这种情形下，企业需要在房产建成以后的次月起开始缴纳房产税。

【实账处理】——自建房产从价计征房产税

弘達包装公司的一项房产——2016年由食堂改建为生产车间，建于2012年年初，原值为50万元。那么在改建以前，企业对该房产缴纳的房产税要计入员工福利。已知税率每年为1.2%，相关数据计算和税务处理如下。

2012～2016年10月应缴纳房产税＝500000×70%×1.2%/12×（4×12＋10）＝20300（元）

每年征收4200元（500000×70%×1.2%），按季度缴纳时每季度应交1050元。

借：应付职工薪酬——职工福利　　　　1050

　　贷：应交税费——应交房产税　　　　1050

通常情况下，房产税计算过程中的扣除比例是不会变的，但国家税务部门或税务机关规定改变的情况除外。

2016年10月改建房产完成后，从2016年11月起，房产税将计入税金及附加（第8章详讲）。相应的会计分录如下。

借：税金及附加　　　　1050

　　贷：应交税费——应交房产税　　　　1050

房产税的缴税途径有3种，一是到办税大厅办理；二是去银行办理；三是通过付费通网站自助缴纳。如表6-3所示的是房产税的部分税收优惠。

表 6-3

序号	优惠项目
1	国家机关、人民团体及军队自用的房产免征房产税，但这些免税单位的出租房产不属于免税范围

续表

序号	优惠项目
2	由国家财政部门拨付事业经费的单位自用的房产免征房产税，但学校的工厂、商店或招待所等应照章纳税
3	宗教寺庙、公园及名胜古迹自用的房产免征房产税，但经营使用的房产不免
4	老年服务机构自用的房产免税
5	损坏且不堪使用的房屋和危险房屋，经有关部门鉴定，在停止使用后，可免征房产税
6	纳税人因房屋大修导致连续停用半年以上的，在房屋大修期间免征房产税
7	高校后勤实体免征房产税
8	对非营利性的医疗机构、疾病控制机构和妇幼保健机构等卫生机构自用的房产，免征房产税
9	为鼓励地下人防设施，暂不征收房产税
10	在基建工地为基建工地服务的各种工棚、材料棚、休息棚、办公室、食堂、茶炉房及汽车房等临时性房屋，施工期间一律免征房产税。但工程结束后，施工企业将这种临时性房屋交还或估价转让给基建单位的，应从基建单位验收的次月起，照章纳税

一个企业只能使用一种计税依据计算应纳房产税，不能同时使用从价计征和从租计征。同时，房产税的征税范围仅限于城镇的经营性房屋，而且房屋出典和出租不同，出典行为不能以从价计征的计税依据计算房产税的应缴税额，而是承典人依照房产余值缴纳房产税，税率为1.2%/年。

提示：“营改增”后取得不动产的房产税问题

在本书第3章的内容中已经了解过不动产涉及的增值税问题，关于进项税额抵扣规则，即第一年抵扣60%，第二年抵扣40%。购买的房产在房屋权属转移并办理变更登记后，房产税的纳税人由卖房人变为买房人。不过，“营改增”政策不会影响房产税的缴纳。

其他收入涉及的税费

企业经营过程中，主要销售的是主营产品，但有时也会卖掉多余的固定资产或为了取得一定收入而转让无形资产等。这些销售行为也是推进企业发展的因素，为了更好地管理企业，这些税务不能不重视。

卖掉固定资产的税费处理

土地增值税是指转让国有土地使用权、地上的建筑物及其附着物并取得收入的单位和个人，以转让取得的收入（货币收入、实物收入和其他收入减去法定扣除项目金额后的增值额）为计税依据向国家缴纳的一种税。因此企业卖掉大型固定资产，如厂房和办公楼等，就要缴纳土地增值税，而以继承、赠与等方式无偿转让房产的行为不在土地增值税缴纳范围内。

土地增值税实行四级超率累进税率，如表6-4所示为2016年土地增值税的税率等级。

表 6-4

级数	计税依据	税率	速算扣除率
1	增值额未超过扣除项目金额 50% 的部分	30%	0
2	增值额超过扣除项目金额 50%、未超过扣除项目金额 100% 的部分	40%	5%
3	增值额超过扣除项目金额 100%、未超过扣除项目金额 200% 的部分	50%	15%
4	增值额超过扣除项目金额 200% 的部分	60%	35%

其中，应交土地增值税税额的计算公式如下。

应交土地增值税税额＝增值额×适用税率－扣除项目金额×速算扣除系数

【实账处理】——新厂建成后卖掉旧厂

某企业新工厂已经建成，旧厂由市政府协调卖给了另一家企业，因为属于商业性搬迁，所以处置的原资产获得的收入需要计入收入总额缴纳企业所得税（该税种将在第8章详细讲解）。同时，如果有增值额，还需缴纳土地增值税。

已知售出旧厂房时获得收入2000万元，而企业建造该厂房时支出土地出让金316万元，修建厂房的成本为737万元，专门为修建旧厂房时支付的贷款利息为63万元。当地政府还规定，企业可以按土地使用权出让费、房地产开发成本之和的5%计算扣除其他开发费用，相关数据计算和税务处理如下。

应交增值税销项税额＝2000×17%＝340（万元）

应交城市维护建设税＝340×7%＝23.8（万元）

应交教育费附加＝340×3%＝10.2（万元）

应交地方教育附加＝340×2%＝6.8（万元）

扣除项目金额＝316＋737＋63＋（316＋737）×5%＋340＋23.8＋10.2＋6.8＝1116＋52.65＋380.8＝1549.45（万元）

增值额＝2000－1549.45＝450.55（万元）

增值额占扣除项目比例＝450.55/1549.45×100%＝29.08%

应交土地增值税税额＝450.55×30%－1549.45×0＝135.165（万元）

借：营业税金及附加　　1351650

　　贷：应交税费——应交土地增值税　　1351650

借：应交税费——应交土地增值税　　1351650

　　贷：银行存款　　1351650

企业缴纳的城市维护建设税、土地增值税、耕地占用税和城镇土地使用税等都要计入“营业税金及附加”科目中。

转让专利权的涉税处理

专利权属于企业的无形资产，对其进行处置时，应按照实际收到的金额，借记“银行存款”等科目；按已经计提的累计摊销，借记“累计摊销”科目；按应支付的相关税费及其他费用，贷记“应交税费”等科目；按其账面余额，贷记“无形资产”科目；按其差额，贷记“营业外收入——非流动资产处置利得”科目或借记“营业外支出——非流动资产处置损失”科目。已经计提减值准备的，还应该同时结转减值准备，借记“无形资产减值准备”科目。

【实账处理】——用过的专利权要摊销

某公司将其购买的一项专利权转让给另一家公司，该专利权的成本为40万元，已经摊销146666.7元，实际取得的转让价款为333333.3元，款项已存入银行。相关数据计算和税务处理如下。

应交增值税销项税额＝333333.3×6%≈20000（元）

借：银行存款　　333333.3

　　累计摊销　　146666.7

　　贷：无形资产——专利权　　400000

　　　　应交税费——应交增值税（销项）　　20000

　　　　营业外收入——非流动资产处置利得　　60000

会计分录中，“营业外收入——非流动资产处置利得”科目的金额60000元是由（333333.3＋146666.7－400000－20000）而得来，说明该公司在处置这项专利权的前后，有60000元的收入，而这笔收入不属于营业范围，因此计入“营业外收入——非流动资产处置利得”科目。

如果该公司转让这项专利权时实际收到的价款为233333.3元，则应编制的会计分录如下。

借：银行存款 233333.3
累计摊销 146666.7
营业外支出——非流动资产处置损失 40000
贷：无形资产——专利权 400000
应交税费——应交增值税（销项） 20000

由于这种情况下，企业实际收到的价款233333.3元与累计摊销的金额146666.7元的和为38万元，小于该专利权的原值40万元，再加上企业销售专利权时支付了2万元的增值税销项税额。因此，企业转让该专利权的前后体现为亏损4万元，因为该亏损不属于营业范围，所以计入“营业外支出——非流动资产处置损失”科目。

投资活动的税费问题

企业的收入大部分来源于主营业务的销售收入，但也有相当一部分收入来源于自身的投资活动取得的投资收益。与一般的销售收入一样，投资收益也会涉及税费问题，相关人员对投资活动的税务也要引起重视。

以存货对外投资

公司取得投资收益，在税收上作为企业所得税的应税项目，需按25%的税率缴纳企业所得税。企业以存货对外投资，是指投资者将自产、委托加工或购买的货物（包括原材料、商品、产成品和半成品等）对外投资，视同销售货物行为。

（1）流转税

存货投资涉及的流转税有增值税、消费税（属于消费税征收范围的行为）。存货投资可以被视同为销售行为，如果企业作价明显偏低且无正当理由的，主管税务机关有权核定企业的销售额，顺序如图6-3所示。

按纳税人当月同类货物的平均销售价格确定。

↓

按纳税人最近日期销售同类货物的平均销售价格确定。

↓

以上两种方法都不能确定其销售额的情况下，按组成计税价格确定销售额。组成计税价格 = 成本×（1 + 成本利润率）；属于消费税应税货物的，组成计税价格 = 成本×（1 + 成本利润率）+ 消费税税额，或者是组成计税价格 = 成本×（1 + 成本利润率）/（1－消费税税率）。

图6-3

作为增值税一般纳税人，以存货对外投资的，可按规定开具增值税专用发票，而接受存货投资的企业，符合抵扣条件的可按规定进行抵扣。

（2）所得税

存货投资除了涉及流转税外，还会涉及所得税。在投资交易发生时，将存货分解为按公允价值销售存货和投资这两项经济业务进行税务处理，并按规定计算确认资产转让所得和损失，缴纳企业所得税税款或个人所得税（投资者为个人、个体工商户或独资及合伙性质的私营企业）。

提示：一个纳税年度全额缴纳企业所得税有困难怎么办

若企业投资获得的数额较大，在一个纳税年度确认实际缴纳企业所得税有困难的，报经税务机关批准后可作为递延所得，在投资交易发生当期及随后不超过5个纳税年度内平均摊转到各年度的应纳税所得中。

（3）其他税

企业以存货对外投资时，还应按协议投资额或实际投资额计缴印花税，以实际缴纳的流转税（增值税、消费税）为计税依据计缴城市维护建设税和教育费附加。

【实账处理】——公允价值模式下的存货投资

2016年12月19日，弘逵包装公司以一批账面余额为80万元、公允价值为100万元的商品存货投资于甲公司，取得甲公司2%的股权，该批存货的增值税税率为17%。甲公司账面净资产为360万元，而弘逵包装公司投资当天的资本公积为80000元，盈余公积为12万元。相关数据计算和税务处理如下。

应交增值税销项税额＝100×17%＝17（万元）

1．投资交易发生时。

借：长期股权投资	1170000
贷：主营业务收入	1000000
应交税费——应交增值税（销项）	170000

2．结转成本时。

借：主营业务成本	800000
贷：库存商品	800000

如果企业进行存货投资而采用的是账面价值计量模式（上述已知情况不变，将公允价值为100万元改成计税价值为100万元），则数据的计算和税务处理如下。

借：长期股权投资	970000
贷：库存商品	800000
应交税费——应交增值税（销项）	170000

因此，要计入企业所得税的收入为20万元（100－80），应交

印花税为351元（1170000×0.3‰）。而具体的城市维护建设税和教育费附加等税费则需要以当月实际缴纳的流转税为依据才能计算出来。

由上述案例可知，公允价值模式下的存货投资以公允价值进行计量，不存在税会差异；而如果采用账面价值计量模式，没有确认投资损益，因此会存在税会差异，应纳税税额会调增。调增额计算公式如下。

调增额＝视同销售收入－视同销售成本－营业税金及附加

而本案例中，账面价值计量模式下的调增额为20万元（100－80）。

提示：什么是税会差异

税会差异反映的是国家利益与企业利益之间的经济博弈关系。税法与会计制度作为两个不同的领域，虽然存在密切联系，但由于各自目标和服务对象等不同，二者之间必然会存在一定的差异。

以机器设备对外投资

以机器设备对外投资是指企业以购买或已经使用并作为固定资产进行管理的机器设备对外投资，是视同销售行为。该投资方式会涉及“固定资产清理”和“累计折旧”等会计科目，涉及的税种如下。

- **流转税：**以机器设备对外投资的，无论是使用过的旧机器还是未使用过的新机器，一律按4%的征收率减半征收增值税，且不得抵扣进项税额。而投资公允价值未超过原值的，免征增值税。
- **所得税：**企业以机器设备对外投资，与以存货对外投资涉及的所得税规定基本相同，确定要缴纳的企业所得税。

◆ **其他税：**与以存货对外投资的情形基本相同，主要涉及印花税、城市维护建设税和教育费附加等。

【实账处理】——机器设备投资视同销售

C公司以40万元从外市购进一台生产用机器设备，取得增值税专用发票，已计提折旧35000元，然后以38万元（含税价格）将该机器设备投资给D公司，占D公司20%的股权，相关数据计算和税务处理如下。

计税价格＝38/（1＋4%/2）＝37.25（万元）

应纳增值税税额＝37.25×4%/2＝0.745（万元）

1．固定资产清理时。

借：固定资产清理	365000
累计折旧	35000
贷：固定资产——机器设备	400000

2．投资交易时。

借：长期股权投资	380000
贷：固定资产清理	365000
应交税费——应交增值税（销项）	7450
营业外收入	7550

在以机器设备对外投资时，若最后有营业外收入，则需要计入企业所得税额，后期缴纳企业所得税。

以不动产或无形资产对外投资

以不动产或无形资产对外投资是指企业以拥有产权的不动产（建筑

物、构筑物和附着物等）或无形资产（土地使用权、商标权、专利权、非专利技术和其他无形资产等的所有权或使用权）对外投资。涉及的相关税收如图6-4所示。

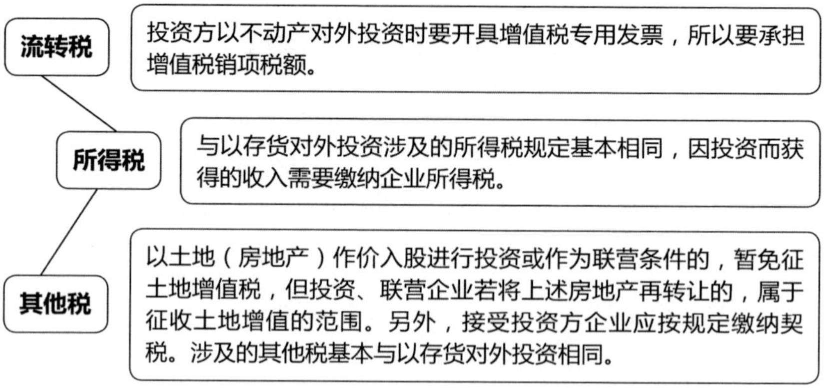

图6-4

【实账处理】——以不动产对外投资的几种情况

2016年8月17日，甲公司以一栋厂房为合并对价，取得乙公司80%的股权，并于当日起能够对乙公司实施控制。合并日，该厂房的账面原价为800万元，已提折旧240万元，已提减值准备40万元，公允价值为720万元，增值税税率为17%。乙公司净资产的账面价值为560万元，公允价值为800万元。甲公司与乙公司的会计年度和采用的会计政策相同。甲公司投资当日的资本公积——股本溢价为48万元，盈余公积为16万元。假设合并后甲公司参与乙公司利润分配，共同承担投资风险，不考虑增值税。

首先进行厂房的处置处理，相关数据计算和会计分录如下。

固定资产余值＝800－240－40＝520（万元）

借：固定资产清理　　5200000

　　累计折旧　　2400000

　　固定资产减值准备　　400000

贷：固定资产　　8000000

然后根据不同的长期股权投资的取得方式，分为同一控制下的企业合并、非同一控制下的企业合并及非企业合并形成的长期股权投资，介绍不同的会计处理。

1．同一控制下的企业之间进行不动产投资（甲、乙公司均受同一母公司控制），应在投资交易日按照取得被投资企业所有者权益账面价值的份额作为长期股权投资的初始投资成本，而初始投资成本与投资的厂房价值之间的差额用于调整资本公积，资本公积不足冲减的，调整留存收益。

长期股权投资成本＝560×80%＝448（万元）

借：长期股权投资　　4480000

资本公积——股本溢价　　480000

盈余公积　　160000

利润分配——未分配利润　　80000

贷：固定资产清理　　5200000

2．非同一控制下的企业之间进行不动产投资，投资方应以付出的房产公允价值作为长期股权投资的初始成本，公允价值与账面价值的差额计入当期损益。

借：长期股权投资　　7200000

贷：固定资产清理　　5200000

营业外收入　　2000000

3．非企业合并形成的长期股权投资，即假设甲公司仍以该厂房对外投资，取得乙公司20%股权。公允价值计量模式下的会计分录如下。

借：长期股权投资　　7200000

贷：固定资产清理　　5200000

营业外收入　　2000000

账面价值计量模式下的会计分录如下。

借：长期股权投资　　　　　　　　　　　　　　5200000

　　贷：固定资产清理　　　　　　　　　　　　　　5200000

上述投资活动中，涉及增值税专用发票的都要缴纳增值税销项税额，而营业外收入需要计入企业所得额，然后计缴企业所得税。需要注意的是，企业需要在公允价值计量模式下确认营业外收入。同时，确认转让损益。

另外，以房屋权属作价投资、入股，视同房屋买卖，也要征税。接受投资的一方，需要按照房屋的评估价格以4%的税率缴纳契税。在产权变更过程中涉及印花税，根据《中华人民共和国印花税暂行条例》及其实施细则的规定，产权转移书据的立据人应按合同或协议所载金额的0.5‰贴花完税。

根据房产税相关规定，对以房屋投资联营、投资企业参与投资利润分红、共担联营风险的，由房屋产权所有人按房产计税余值计征房产税。对以房屋投资、收取固定收入且不承担联营风险（实属以联营名义取得房屋租金的）的，应由投资企业按收取的固定收入的12%计征房产税。

“营改增”后企业“投资基金”纳税有差异

有的企业为了获取大额的投资收益，会以企业为单位投资基金，而企业在投资基金的过程中最关心两个方面，分别是持有期间的分红和赎回时的收益或亏损。

【实账处理】——基金投资的纳税问题

2016年12月29日，弘達包装公司利用闲置资金购买了40万元的股票型基金，公司在持有期间收到了基金公司分配的红利4000元。2017年1月，公司由于资金周转需要，又将该基金赎回，取得收益24000元。

1．基金投资行为不属于增值税征收范围，因此获得的4000元红利不缴纳增值税。相关税法也规定，基金投资获得的收入暂不计入企业所得额。因此，该类收入暂不涉及企业所得税。

2．基金的赎回行为属于其他金融商品转让，要按照赎回金额扣除买入价后的差额作为销售额（24000元），因此可能涉及企业所得税。

基金赎回行为可能出现正负差，出现正数差额时就确认为销售额，计缴企业所得税。若出现负值差额，可结转下一纳税期与下期投资基金的销售额相抵，但年末时仍出现负值差额的，不得转入下一个会计年度。

在基金投资行为中不得开具增值税专用发票，但企业需要按照6%的税率缴纳增值税。

借：交易性金融资产	24000	
贷：公允价值变动损益		24000
借：银行存款	428000	
贷：交易性金融资产——成本		400000
交易性金融资产——公允价值变动		4000
投资收益		24000

总的来说，对于企业投资基金，在持有期间所取得的分红收益，无论是增值税还是企业所得税，都是免税的；而申购和赎回基金单位取得的差价收入，应并入企业的应纳税所得额，缴纳企业所得税，同时还要缴纳增值税。

投资基金的过程中，企业还会支出其他费用，如认购/申购费、赎回费、转换费和基金管理费等，这些都会影响企业应缴纳的所得税税额。

融资活动的税费问题

企业经营过程中，有资金闲置的情况，当然也有资金短缺的时候。当企业资金周转不灵时，都会采取融资的方式为企业解决资金运作压力。融资是变相地获得“收入”，因此也会涉及税费。

企业间融资产生的利息涉及税务

以前，企业为了进行经营活动而向银行借款的情况比比皆是，条件也比较宽松。但近年来，很多企业觉得向银行借款的手续太复杂，所以更倾向于选择向合作伙伴借钱，达到融资的目的。而融资一般会产生利息，并且缴纳相关税费。下面通过一个案例来深入学习。

【实账处理】——企业间借款利息税务处理

在上一个案例中，弘達包装公司利用闲置资金投资了40万元的股票型基金，最后因为资金紧缺而在2017年1月时就将基金单位赎回。如果该基金投资的盈利前景良好，则弘達包装公司可以选择在1月时继续持有，而从另外的途径获取经营用的资金。

假设，弘達包装公司在资金短缺的时候向合作加工企业A企业借了40万元。虽然两家公司都属于非金融企业，但根据相关税法的规定，只要发生将资金贷给他人使用的行为，都应视为发生贷款行为，从而计算贷款利息并缴纳税款。双方约定的贷款期限为一年，利率为4.5%（高于银行贷款基准利率4.35%/年），相关数据计算和税务处理如下。

应支付的利息＝400000×4.5%＝18000（元）

根据“营改增”政策的规定，纳税人接受贷款服务向贷款方支付的与该笔贷款直接相关的投融资顾问费、手续费和咨询费等费用，其进项税额不得从销项税额中抵扣。这意味着，企业所支付的利息费用及直接相关的其他费用在“营改增”之后需要缴纳6%的增值税，且这部分税额无法做进项抵扣。

贷款利息的增值税进项税额＝18000×6%＝1080（元）

与此不同的是，“营改增”政策实施之前，企业的利息支出不超过按照金融企业同期同类贷款利率计算数额的部分，准予税前扣除，也就是说需要缴纳增值税的贷款利息只有600元（18000－400000×4.35%）。相应地，应交增值税进项税额为36元（600×6%），比实施“营改增”政策后少缴纳1044元的增值税。

所以，企业需要寻求其他融资方式来降低资金使用成本。而股权融资方式筹集资金时，企业不会涉及流转税（如增值税），因此很多企业比较看好股权融资。但需要企业注意，股权融资时，企业发放的股利不能在税前扣除，因此企业不能期望以发放股利的形式减少企业收入，进而减少企业应缴纳的所得税税额。

除了案例中介绍的融资方式外，企业还可利用“统借统还”方式融资。“营改增”政策实施以后，对符合条件的统借统还业务将免征增值税。因此，统借统还方式是许多大型企业资金管理的方式，可以充分享受增值税的优惠。

提示：享受统借统还业务免征增值税优惠的3项条件

一、资金借贷双方属于同一企业集团；二、由统借方对外借款（或发行债券统一取得资金）后将所借资金分拨给下属单位或与借款企业签订统借统还贷款合同并分拨所借入的资金；三、利率不高于金融机构贷款利率。

另外，企业还可利用预收款达到融资目的。这是一种自然性融资，不用做非常正规的安排，也无须办理正式筹资手续，但大额预收款项是国家税务部门审核的重点，企业应重视预收款的纳税义务发生时间，按税法规定申报纳税，以免涉嫌偷税。

长期借款融资的减税作用

长期借款是指企业向银行或其他金融机构借入的期限在一年以上（不含一年）或超过一年的一个营业周期以上的各项借款。

由于长期借款产生的利息支出可以在所得税前扣除，即计算缴纳企业所得税的企业所得额会减少，从而缴纳的企业所得税减少，所以长期借款可以起到减税作用。

【实账处理】——长期借款的利息计算与税会差异

E公司与F公司签署了一份长期借款合同，合同约定如下：2016年1月1日，借款金额2000万元，借款年利率10%（同期银行同类贷款利息是9%），借款期限5年。2018年12月31日支付前3年的利息，2020年12月31日归还本金及后两年的利息。

分析：按照权责发生制原则，无论第一、第二年是否实际支付利息，都应计提利息费用。同时，超过同期金融公司同类贷款的部分不能在税前扣除，因此就会存在税会差异。假设该合同中的利率为实际利率，则相关数据计算和税务处理如下。

1．2016年1月1日，E公司收到借款。

借：银行存款　　20000000

　　贷：长期借款——F公司　　20000000

2．2016年12月31日预提利息（一年计提一次）。

利息＝2000×10%＝200（万元）

准予税前扣除的利息＝2000×9%＝180（万元）

借：财务费用　　　　　　　　　　　　　　2000000

　　贷：长期借款——利息　　　　　　　　　　　2000000

3．2017年12月31日预提利息（一年计提一次）。

利息＝（2000＋200）×10%＝220（万元）

准予税前扣除的利息＝2200×9%＝198（万元）

借：财务费用　　　　　　　　　　　　　　2200000

　　贷：长期借款——利息　　　　　　　　　　　2200000

4．2018年12月31日支付利息。

2018年利息＝（2000＋200＋220）×10%＝242（万元）

准予税前扣除的利息＝2420×9%＝217.8（万元）

3年总利息＝200＋220＋242＝662（万元）

借：长期借款——利息　　　　　　　　　　6620000

　　贷：银行存款　　　　　　　　　　　　　　6620000

5．2019年12月31日预提利息。

利息＝2000×10%＝200（万元）

准予税前扣除的利息＝2000×9%＝180（万元）

借：财务费用　　　　　　　　　　　　　　2000000

　　贷：长期借款——利息　　　　　　　　　　　2000000

6．2020年12月31日归还本金并支付后两年利息。

2020年利息＝（2000＋200）×10%＝220（万元）

准予税前扣除的利息＝2200×9%＝198（万元）

两年总利息＝200＋220＝420（万元）

借：长期借款——F公司　　　　　　　　　20000000

　　长期借款——利息　　　　　　　　　　4200000

　　贷：银行存款　　　　　　　　　　　　　　24200000

在不抵扣利息支出的情况下，贷款金额要缴纳的企业所得税为500万元（2000×25%）；而如果在税前抵扣相应利息支出，则要缴纳的企业所得税=（2000－180－198－217.8－180－198）×25%=256.55万元。

需要注意的是，2016年、2017年、2019年当年及次年5月31日前均不能取得利息实际支付的凭证，在当年不能进行税前扣除，应进行纳税调整。但是，根据相关税法规定，对企业发现以前年度实际发生的、按照税收规定应在企业所得税前扣除而未扣除或者少扣除的支出，企业做出专项申报及说明后，准予追补至该项目发生年度计算扣除，但追补确认期限不得超过5年。

融资租赁的税务处理

融资租赁又称设备租赁或现代租赁，指实质上转移与资产所有权有关的全部或绝大部分风险和报酬的租赁。融资租赁的特点是资产的所有权最终可以转移，也可以不转移。如图6-5所示的是融资租赁的操作细节。

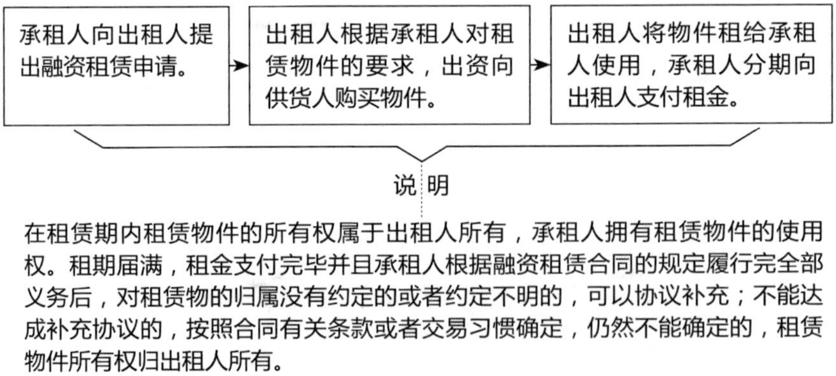

图6-5

“营改增”政策实施后，融资租赁企业适用增值税，购买设备的进项税额可以抵扣，同时收取的租金需要确认增值税销项税额。

【实账处理】——直接融资租赁的税费问题

某企业采用融资租赁（增值税税率17%）的方式先购入价值为70万元的生产设备，然后与承租方签订该生产设备的融资租赁合同，合同总额为105万元（不含税），实际利率为8%，承租方将分10年等额偿还租金。不考虑未担保余值，租赁期满后该设备的所有权转移给承租方。相关数据计算和税务处理如下。

1．购入设备。

增值税进项税额＝700000×17%＝119000（元）

借：固定资产——融资租赁资产　　　　700000

　　应交税费——应交增值税（进项）　　119000

　贷：银行存款　　　　819000

2．租出设备。

借：长期应收款——应收融资租赁款　　　　1050000

　　贷：固定资产——融资租赁资产　　　　700000

　　　　未实现融资收益　　　　350000

3．第一年收取租金。

应收租金＝1050000/10＝105000（元）

增值税销项＝1050000/10×17%＝17850（元）

未确认的融资收益＝700000×8%＝56000（元）

借：银行存款　　　　122850

　　贷：长期应收款——应收融资租赁款　　　　105000

　　　　应交税费——应交增值税（销项）　　　　17850

借：未实现融资收益　　　　56000

　　贷：融资收入　　　　56000

租赁期满后，租赁设备所有权转移给承租方，此时出租方不需要做任何处理。另外，根据融资租赁方式的不同，需要缴纳的税款也会不同。

弘達包装公司12月的税费处理

为了给企业计算企业所得税提供可靠的数据依据，相关财务人员要在计算企业所得税前做好各方面的税务工作。下面来看看12月份弘建包装公司主要发生了哪些业务。

1. 2016年12月19日，以存货进行投资，成本为80万元，应确认增值税销项税额为17万元，主营业务收入为100万元。

2. 2016年12月29日，投资基金成本40万元，2017年1月获得24000元的投资收益，营业外收入为42.4万元，应确认增值税销项税额4080元（24000×17%）。

结合第5章计算出的税费数据，调整12月的税务。

12月增值税销项税额 = 113953.55 + 170000 = 283953.55（元）

12月应交增值税 = 283953.55 − 43778.9 = 240174.65（元）

12月应交城市维护建设税和教育费附加 = 240174.65 ×（7% + 3% + 2%）= 28820.958（元）

其中，投资基金获得的24000元投资收益，由于该行为发生在2017年1月。因此，其销项税额4080元应计入2017年1月的增值税销项税额中。另外，继续确认2017年10月有待抵扣增值税进项税额19256元，2017年11月有待抵扣增值税进项税额20400元。

Chapter
07

企业经营的后续税费问题

OPTIONS
【本章要点】

OPTIONS
【实账处理】

资产盘盈盘亏的税务问题

盘盈盘亏是会计中对财产进行清查而确认的比实际多或少的那部分财产物品。而存货与固定资产均属于企业的资产，一般都会定期进行盘点工作，盘点结果若与账面记录不符，应于期末前查明原因，并在期末结账前处理完毕。

固定资产盘盈盘亏交税

固定资产的盘盈盘亏在税务方面可能涉及增值税和企业所得税，但固定资产盘盈的可能性极小，出现盘盈的情况几乎都是企业以前会计期间少记或漏记造成的，通过“以前年度损益调整”科目核算；而在清查中盘亏的固定资产需要通过“待处理财产损溢——待处理固定资产损溢”科目核算，而造成的损失通过“营业外支出——盘亏损失”科目核算，然后计入当期损益。

【实账处理】——固定资产盘点涉及的税会差异和调整

弘達包装公司2016年年底对固定资产进行了盘点清查，结果一台2016年10月购买的生产设备提前报废，已知购买款为50000元，已经计提的折旧为15000元，并已计提减值准备10000元。经查证，该设备报废的原因是性能老化。而报废时的残值变价收入为10000元，有关收入、支出均通过银行办理结算。相关数据计算和税务处理如下。

1. 报经批准前。

借：待处理财产损溢——待处理固定资产损溢　　25000

　　累计折旧　　15000

固定资产减值准备　　　　　　　　　　　　10000

贷：固定资产　　　　　　　　　　　　　　　　50000

2．报经批准后。

借：银行存款　　　　　　　　　　　　　　　10000

贷：待处理财产损溢——待处理固定资产损溢　　10000

3．应计入营业外支出的金额。

借：营业外支出——盘亏损失　　　　　　　　15000

贷：待处理财产损溢——待处理固定资产损溢　　15000

根据相关税法规定，固定资产盘亏造成的损失需要进行增值税进项税额转出的，仅限于“因管理不善造成被盗、丢失和霉烂变质的损失”，如果不是这几种原因造成的盘亏则不需要做进项税额转出。另外，如果固定资产在购置时按规定没有抵扣过进项税额的，那么在盘亏时也就不存在进项税额转出。已知该固定资产不属于上述进项税额转出的范围，因此不进行增值税转出。

企业在固定资产发生增值税进项税额转出时，应转出的金额贷记“应交税费——应交增值税（进项税额转出）”科目。比如，假设该设备应转出的增值税进项税额为5100元，则：

借：待处理财产损溢——待处理固定资产损溢　　　5100

贷：应交税费——应交增值税（进项税额转出）　　5100

固定资产在盘点中发生的损失可以在企业所得税税前扣除，而税前扣除的金额是发生的损失减去责任人的赔偿金额及各种保险赔偿费后的余值。比如该例中发生的15000元盘亏损失，没有责任人赔偿和相关保险赔偿，因此15000元可在期末计算所得税额时进行扣除。

如果企业在盘点过程中固定资产表现为盘盈，且同类或类似固定资产存在活跃市场的，按同类或类似固定资产的市场价格减去按该项资产的新旧程度估计的价值损耗后的余额，作为入账价值记为“以前年度损益调整”科目。

1．发生固定资产盘盈。

借：固定资产（同类产品的市场价格）

　　贷：累计折旧（固定资产已经完成了的折旧）

　　　　以前年度损益调整（固定资产没有进行的折旧）

2．调整企业所得税（将在本书第8章进行详细讲解）。

借：以前年度损益调整（调增的企业所得税金额）

　　贷：应交税费——应交企业所得税（盘盈调增的税费）

3．结转以前年度损益。

借：以前年度损益调整（贷方金额－借方金额）

　　利润分配——未分配利润（或盈余公积等）

存货盘盈盘亏的税务

存货的盘盈盘亏也可能涉及增值税和企业所得税，且发生盘盈盘亏的可能性相当，但因为与固定资产盘盈盘亏的会计处理方式不同，所以产生的税会差异也会不同，税务处理工作也就有区别。

【实账处理】——存货盘点涉及的税会差异和调整

2016年10月15日，弘达包装公司一批原材料被盗，价值1500元，已抵扣的增值税进项税额为255元，并且当月进行了进项税额转出处理（相关会计分录见本书第3章的内容“哪些进项税额不予抵扣”）。已知企业最后查出了该事故的责任人，并收到相关赔偿，则税务处理如下。

借：待处理财产损溢——待处理流动资产损溢　　1500

　　贷：其他应收款　　1500

借：待处理财产损溢——待处理流动资产损溢　　255

　　贷：应交税费——应交增值税（进项税额转出）　　255

结转存货盘亏时，将实际损失计入“营业外支出”科目。

借：营业外支出——盘亏损失　　255

　　贷：待处理财产损溢——待处理流动资产损溢　　255

与固定资产盘亏一样，存货盘亏时会涉及增值税进项税额的转出，而存货和固定资产在盘盈时，一般不涉及增值税，而与企业所得税税额息息相关，因此盘盈产生的收入不涉及增值税纳税义务。其中，存货的盘盈收入计入“当期损益”科目，不产生企业所得税的税会差异。

假如企业在对存货进行盘点时，发生存货盘盈，则相关税务处理如下。

1. 报经批准前，根据“存货盘存报告单”所列金额，作如下处理。

借：原材料/库存商品（盘盈金额）

　　贷：待处理财产损溢——待处理流动资产损溢

2. 调整企业所得税。

借：待处理财产损溢——待处理流动资产损溢

　　贷：应交税费——应交企业所得税（盘盈调增的税额）

3. 报经批准后，若是由企业日常收发计量或计算上的差错所造成的，结转时的相关处理如下。

借：待处理财产损溢——待处理流动资产损溢（贷方-借方）

　　贷：管理费用

企业在发生存货盘盈过程中，后期发生的成本费用可以依法在企业所得税税前进行扣除，从而减少企业应缴纳的企业所得税税额。不管企业有没有相应的存货发票，只要依法做了企业所得税纳税申报就能扣除。

主营业务收入要交税

企业经营的收入来源主要是经常性的主要业务所产生，如制造业的销售产品、非成品和提供工业性劳务作业的收入，商品流通企业的销售商品收入以及旅游服务业的门票收入或餐饮收入等，所有收入汇总后需要计算应缴的企业所得税。

企业所得税的缴纳

企业主营业务收入发生时是在贷方，每到月末时要从借方转入本年利润的贷方，结转后主营业务收入在月末时没有余额，因此没有借贷差。具体情况如图7-1所示。

主营业务收入发生时

借：银行存款/应收账款
　　贷：主营业务收入

月末结转

借：主营业务收入
　　贷：本年利润

图7-1

企业所得税是对我国内资企业和经营单位的生产经营所得和其他所得征收的一种税。该税种的纳税人包括6类：国有企业、集体企业、私营企业、联营企业、股份制企业及有生产经营所得和其他所得的其他组织。其中，个人独资企业与合伙企业不适用企业所得税税法，这两类企业征收个人所得税即可，避免重复征税。

销售货物、提供劳务、转让财产、股息红利、利息、租金、特许权使用费、接受捐赠和其他等所得或收入，都是企业所得税的征税对象，税率为25%比例税率。其计算公式如下。

企业应纳所得税额＝当期应纳税所得额×适用税率

应纳税所得额＝收入总额－成本－费用－损失－准予扣除项目的金额

【实账处理】——弘達包装公司10月的企业所得税费用

弘達包装2016年10月主营业务收入45万元，主营业务成本40万元，而10月份没有增值税实际支出，也没有城市维护建设税和教育费附加支出，但有595元的增值税进项税额需要转出，其他业务收入10000元，其他业务成本8000元，营业外支出255元，管理费用1755元。相关数据计算和税务处理如下。

10月应缴纳企业所得税额＝（450000＋10000－400000－595－8000－255－1755）×25%＝49395×25%＝12348.75（元）

1．计算并缴纳企业应纳所得税额。

借：所得税费用　　12348.75

　　贷：应交税费——应交所得税　　12348.75

借：应交税费——应交所得税　　12348.75

　　贷：银行存款　　12348.75

2．结转入本年利润。

借：本年利润　　12348.75

　　贷：所得税费用　　12348.75

上述税务处理过程是在企业没有递延所得税的情况下进行的（递延所得税问题将在本书第8章详讲），如果企业有递延所得税的情况，则所得税费用的计算如下。

所得税费用＝当期所得税＋递延所得税－递延所得税收益

在计算应纳税所得额时，下列支出不得抵扣。

◆ **资本性支出**：纳税人购置、建造固定资产以及对外投资的支出。

企业的资本性支出不得直接在税前扣除，应以提取折旧的方式逐步摊销。

◆ **无形资产受让、开发支出**：纳税人购置无形资产以及自行开发无形资产的各项费用支出，应在收益期内分期摊销。

◆ **资产减值准备**：固定资产、无形资产计提的减值准备，不允许在税前扣除；其他资产计提的减值准备，在转化为实质性损失之前，不允许在税前扣除。

◆ **罚款和损失**：纳税人违反国家法律而缴纳的罚款和被没收财物的损失。

◆ **各项税收的滞纳金、罚金和罚款**：纳税人违反国家税收法规，被税务部门处以的滞纳金和罚款、司法部门处以的罚金，以及上述以外的各项罚款。

◆ **自然灾害或者意外事故损失有赔偿的部分**：纳税人遭受自然灾害或者意外事故，保险公司给予赔偿的部分不得在税前扣除。

◆ **超过国家允许扣除的公益、救济性捐赠**：纳税人用于公益和非公益、救济性捐赠，以及超过年度利润总额12%的部分的捐赠，不允许扣除。

◆ **其他**：各种赞助支出和与取得收入无关的其他各项支出。

除此之外，企业所得税也有相关的税收优惠，如表7-1所示。

表 7-1

优惠方式	详情
直接减免——免征	适用范围：蔬菜、谷物、油料、豆类、水果、中药材和林木等种植；农作物新品种选育；牲畜家禽饲养；林产品采集；灌溉、农产品加工、农机作业与维修；远洋捕捞；公司 + 农户经营
直接减免——减半征收	适用范围：花卉、茶、饮料作物及香料作物的种植；海水养殖、内陆养殖
定期减免——两免三减半	自取得第一笔生产经营收入所属纳税年度起减免，适用范围：经济特区和上海浦东新区重点扶持的高新企业；境内新办软件企业（获利）；小于 0.8 微米的集成电路企业

续表

优惠方式	详情
定期减免——三免三减半	自取得第一笔生产经营收入所属纳税年度起减免，适用范围：国家重点扶持的公共基础设施项目；符合条件的环境保护、节能节水项目；节能服务公司实施合同能源管理项目
低税率（20%）	适用范围：小型微利企业（年度应纳税所得额≤ 30 万元，从业人数≤ 100 人，资产总额≤ 3000 万元）和其他企业（年度应纳税所得额≤ 30 万元，从业人数≤ 80 人，资产总额≤ 1000 万元）
低税率（15%）	适用范围：国家重点扶持的高新企业；投资 80 亿元、0.25μm 的电路企业；西部开发鼓励类产业企业
低税率（10%）	适用范围：非居民企业优惠；国家布局内重点软件企业
加计扣除	一、据实扣除后加计扣除 50%，适用范围：研究开发费；形成无形资产的按成本 150% 摊销；二、据实扣除后加计扣除 100%，适用范围：企业安置残疾人员所支付的工资
投资抵税	一、投资额的 70% 抵扣所得额，适用范围：投资中小高新技术两年以上的创投企业（股权持有满两年）；二、投资额的 10% 抵扣税额，适用范围：购置并使用的环保、节能节水和安全生产等专用设备
减计收入	适用范围：农户小额贷款的利息收入；为种植、养殖业提供保险业务的保费收入；企业综合利用资源的产品所得收入；所得减按 50% 计税；应纳税所得额低于 3 万元的小型微利企业
加速折旧	缩短折旧年限（不得低于规定折旧年限的 60%），适用范围：由于技术进步，产品更新换代较快的固定资产；常年处于强震动、高腐蚀状态的固定资产
有免征额优惠	居民企业转让技术所有权，适用范围：所得不超过 500 万元的部分，免税；超过 500 万元的部分，减半征收所得税

税费预缴

税费预缴即提前缴纳下一期税费，“营改增”全面推开后，一般纳税人存在多种预缴税款情形，并且需要满足相关税务文件的要求后才可以进行税费预缴，如《国家税务总局关于全面推开营业税改征增值税试点后增值税纳税申报有关事项的通告》（国家税务总局公告2016年第13号）、

《财政部、国家税务总局关于进一步明确全面推开营改增试点有关再保险、不动产租赁和非学历教育等政策的通知》（财税〔2016〕68号）等。

通常情况下，只有企业所得税会涉及税费预缴，其他税费都是在申报期内申报缴纳。下面来看看具体经济业务的税务处理。

【实账处理】——企业预缴所得税时有讲究

在上一案例的基础上我们知道了弘達包装公司2016年10月应缴的企业所得税额为12348.75元。若公司预缴了10000元的企业所得税，则需要补缴2348.75元的企业所得税，相关税务处理如下。

1. 计算未缴的企业所得税。

借：应交税费——预交企业所得税　　10000

　　应交税费——未交企业所得税　　2348.75

　　贷：银行存款　　12348.75

2. 补缴企业所得税。

借：以前年度损益调整　　2348.75

　　贷：应交税费——应交企业所得税　　2348.75

借：应交税费——应交企业所得税　　2348.75

　　贷：银行存款　　2348.75

3. 重新分配利润。

借：利润分配——未分配利润　　2348.75

　　贷：以前年度损益调整　　2348.75

如果公司预缴了20000元的企业所得税，说明企业多预缴了7651.25元（20000－12348.75），相关税务处理如下。

1. 汇算清缴。

借：应交税费——应交企业所得税　　7651.25

　　贷：以前年度损益调整　　7651.25

该会计分录中，“应交税费——应交企业所得税”科目还可编制成“其他应收款——应收多缴所得税款”科目（下同）。

2. 重新分配利润。

借：以前年度损益调整　　7651.25

　　贷：利润分配——未分配利润　　7651.25

3. 经税务机关审核批准退还多缴税款。

借：银行存款　　7651.25

　　贷：应交税费——应交企业所得税　　7651.25

对多缴所得税额不办理退税，用以抵缴下年度预缴所得税。

借：其他应收款——所得税退税款　　7651.25

　　贷：以前年度损益调整——所得税费用　　7651.25

免税企业虽然不用缴纳企业所得税，但也需要编制相应的会计分录，具体内容如下。

借：所得税费用

　　贷：应交税费——应交企业所得税

借：应交税费——应交企业所得税

　　贷：资本公积

借：本年利润

　　贷：所得税费用

补缴企业所得税

在预缴企业所得税案例中我们做过税费的补缴会计分录，其中的税务处理比较简单。而有些企业在补缴所得税时需要处理很多复杂的问题，会涉及“递延所得税资产”和“递延所得税费用”等科目。下面通过一个实际案例来学习企业所得税补缴中的更深层次问题。

【实账处理】——房地产开发企业补缴企业所得税

某公司是一家房地产开发企业，2016年取得营业收入3000万元，当年税前会计利润为375万元，企业所得税税率为25%，相应税款已经缴纳，每年末都有确凿的证据表明未来期间很可能获得足够的应纳税所得额，用来抵扣相关的可抵扣暂时性差异。年底，税务机关对该公司2016年的纳税情况进行了检查，发现以下情况（该公司无其他会计和纳税调整问题）均未进行相应的所得税会计处理。

1. 2016年在“管理费用”科目列支了业务招待费22.5万元。

解析：相关税法规定，业务招待费可按照发生额的60%进行扣除，但最高不得超过当年营业收入的5‰，即税法允许税前扣除的限额为13.5万元（22.5×60%），小于15万元（3000×5‰），所以该公司要调增应纳税所得额90000元（22.5－13.5）。此项业务虽然需要进行纳税调整，但其会计处理符合现行会计政策的规定，属于永久性差异，不需要进行账务调整。

2. 2016年末“应付职工薪酬——工资”科目余额为75000元，为当年计提但未发放的员工奖金，至检查之日还未发放。

解析：据调查，该问题是由于公司资金紧张所致，根据相关税法规定，这75000元不能在2016年扣除，因此需要调增应纳税所得额75000元。2016年末，“应付职工薪酬”的账面价值为75000元，计税基础＝账面价值－未来期间按照税法规定可予税前扣除的金额＝75000－75000＝0，两者的差异会减少企业未来期间的应纳税所得额，属于可抵扣暂时性差异，因此要确认递延所得税资产18750元（75000×25%）。

借：递延所得税资产　　18750

　　贷：以前年度损益调整　　18750

3. 2016年初，购入某上市公司股票，记入“交易性金融资产”科目，年末由于该股票价格上升，确认公允价值变动损益15万元。

解析：公司购入股票，将因价值上升而产生的收益记入了“公允价值变动损益”，按相关税法规定，以历史成本为计税基础，持有各项资产期间资产增值或减值，除国务院财政、税务主管部门规定可以确认损益外，不得调整该资产的计税基础。因此，该公司在纳税申报时应调减应纳税所得额15万元。2016年末，“交易性金融资产”的账面价值与其计税基础之间的差额为15万元，会增加企业未来期间的应纳税所得额，属于应纳税暂时性差异，应确认递延所得税负债37500元（150000×25%）。

借：以前年度损益调整　　37500

　　贷：递延所得税负债　　37500

综上所述，该公司应调增的企业应纳税所得额为1.5万元（9＋7.5－15），应补缴企业所得税3750元（15000×25%）。

借：以前年度损益调整　　3750

　　贷：应交税费——应交企业所得税　　3750

最后，将“以前年度损益调整”科目余额转入“利润分配——未分配利润”科目。

借：以前年度损益调整　　22500

　　贷：利润分配——未分配利润　　22500

买方公司倒闭，金额无法收回的税费问题

企业在生产销售过程中会遇到收不回货款的情况，如购货企业倒闭，当初的货款尚未支付。那么，这种情况下企业要做冲抵，计提坏账准备。

【实账处理】——买货的企业倒闭了，税务怎么处理

弘達包装公司2016年12月20日销售给某公司40000元（不含税）

的塑料包装袋，但该公司在12月27日时就通知弘達包装公司无法支付前项购货款40000元。此时，弘達包装公司要进行如下税务处理。

增值税销项税额＝40000×17%＝6800（元）

卖出货物时。

借：应收账款　　46800

　　贷：库存商品　　40000

　　　　应交税费——应交增值税（销项）　　6800

虽然卖出的货物收不回货款，属于企业的损失，但涉及的增值税销项税额也不做任何处理，即：

借：坏账准备　　46800

　　贷：应收账款　　46800

坏账准备是由企业的应收款项（含应收账款、其他应收款等）计提的，是备抵账户。而实际工作中，资产负债表日应收款项发生减值的，按应减记的金额，借记“资产减值损失”科目，贷记“坏账准备”科目。

如果本期应计提的坏账准备大于其账面余额，应按其差额计提。比如，某公司2015年末应收账款余额5000万元，坏账准备贷方余额150万元。2016年末应收账款余额6000万元，会计提取坏账准备的比例为3%。则2016年末应计提坏账准备金额180万元（6000×3%），由于坏账准备的年初数（150万元）小于本年应计提数，所以应按其差额30万元（180－150）补提坏账准备。

借：资产减值损失——计提坏账准备　　300000

　　贷：坏账准备　　300000

通过这样的处理，使2016年坏账准备的年末余额保持在本年应计提数180万元。若应计提的坏账准备小于其账面余额，则按其差额做相反分录。

借：坏账准备

贷：资产减值损失——计提坏账准备

对于已经转销的应收款项以后又收回的，也可以按照实际收回的金额，借记“银行存款”科目，贷记“坏账准备”科目。坏账准备科目期末时有贷方余额的，说明企业有已计提但尚未转销的坏账准备存在。

相关税法规定，只有计提的、不超过年末应收款项余额5‰的坏账准备金才允许税前扣除，超过部分不允许扣除。而且，按照相关税法的规定，企业要按年末应收账款余额剔除关联方往来，计算出当期应计入费用的数额，然后与会计制度规定计提并已计入当期费用的数额相比，从而确认本年的纳税调整额。由此可见，坏账准备在一定程度上会影响税费支出。

销售退回时的税务处理

企业销售商品除了可能发生销售折让外，还可能发生销售退回。不同的销售退回情形会对销售收入产生不同的影响。

（1）尚未确认销售收入的售出商品发生销售退回

这种情况下，应当冲减“发出商品”科目，同时增加“库存商品”科目。下面通过实际案例来做深入了解。

【实账处理】——销售收入未确认，冲减发出商品

某公司2016年9月21日收到A公司因质量问题而退回的商品20件，每件成本为200元。已知该批商品出售价格为280元/件，适用的增值税率为17%，且该公司还没有确认销售商品的收入。因A公

司提出的退货要求符合销售合同规定，所以该公司同意退货，并按规定向A公司开具了增值税专用发票（红字）。相关数据计算和税务处理如下。

增值税进项税额＝280×20×17%＝952（元）

销售成本＝20×200＝4000（元）

1．验收退货入库时。

借：库存商品　　4000

　　贷：发出商品　　4000

2．如果按规定允许扣减增值税税额的，应同时扣减已确认的增值税销项税额。

借：应交税费——扣减增值税（销项）　　952

　　贷：应收账款　　952

（2）已确认销售商品收入的售出商品发生销售退回

该情况下，除属于资产负债表日后的事项外，一般应在发生时冲减当期销售商品收入，同时冲减当期销售商品成本，如果按规定允许扣减增值税税额的，应同时扣减已确认的应交增值税销项税额；若该项销售退回已发生现金折扣，应同时调整相关财务费用的金额。

【实账处理】——销售收入已确认，冲减收入和成本

弘達包装公司2016年11月销售了一些包装袋，总的销售收入为25.25万元（15＋2.45＋7.8），而弘達包装当月就确认了的销售收入为22.13万元（15＋2.45＋4.68）。而这些包装袋的总成本为77169.28元（0.08×150000＋20000＋45169.28）。12月16日，这些销售出去的包装袋因为质量问题，退回了价值3500元的货物，成本2800元，弘達包装公司也同意退货，并向购货方开具了增值税专用发票（红字）。相关数据计算和税务处理如下。

总的增值税销项税额＝221300×17%＝37621（元）

退回商品涉及的增值税销项税额＝3500×17%＝595（元）

1．销售实现时。

借：应收账款　　258921

　　贷：主营业务收入　　221300

　　　　应交税费——应交增值税（销项）　　37621

借：主营业务成本　　77169.28

　　贷：库存商品　　77169.28

2．收到货款时。

借：银行存款　　258921

　　贷：应收账款　　258921

3．销售退回时。

借：主营业务收入　　3500

　　应交税费——应交增值税（销项）　　595

　　贷：银行存款　　4095

借：库存商品　　2800

　　贷：主营业务成本　　2800

该案例中的销售收入、销售成本和增值税销项税额都进行了冲减，不予扣减的销项税额不能冲减。

进行了现金折扣的销售退回怎么计算税费

前面案例涉及的销售退回没有发生任何现金折扣或者销售折扣，而企业发生销售退回的货物已经进行了现金折扣的，税务处理又会不同。

【实账处理】——发生现金折扣的销售退回

某公司在2016年8月17日向B公司销售一批商品，开出的增值税专用发票上注明的售价为70000元，增值税税额为11900元。该批商品成本为30000元。为及早收回货款，该公司和B公司约定的现金折扣条件为：2/10，1/20，N/30。B公司于2016年8月26日支付货款。2016年11月28日，该批商品因质量问题被退回，而该公司当日便支付有关退货款。假定计算现金折扣时不考虑增值税，则该公司要做如下税务处理。

发生的现金折扣＝70000×2%＝1400元，实际收款＝70000＋11900－1400＝80500（元）

1．2016年8月17日销售实现时。

借：应收账款　　81900

　　贷：主营业务收入　　70000

　　　　应交税费——应交增值税（销项）　　11900

借：主营业务成本　　30000

　　贷：库存商品　　30000

2．发生现金折扣时。

借：银行存款　　80500

　　财务费用　　1400

　　贷：应收账款　　81900

3．2016年11月28日发生销售退回时。

借：主营业务收入　　70000

　　应交税费——应交增值税（销项）　　11900

　　贷：银行存款　　80500

　　　　财务费用　　1400

借：库存商品　　　　　　　　　　　　　　　　　30000

　　贷：主营业务成本　　　　　　　　　　　　　　　　30000

由该案例可知，当企业发生现金折扣的商品被退回时，涉及的会计科目为财务费用，而现金折扣金额将计入财务费用。

与员工利益有关的税费问题

员工是企业发展的动力，也是助手。员工问题解决不好就会影响企业的经营状况，比如，员工的利益会影响一些税费的支出，进而影响企业的经营成果。所以，企业不能忽视与员工利益相关的税费问题。

代扣代缴员工个人所得税

通常情况下，员工按规定应缴纳的个人所得税由企业代扣代缴。企业按规定计算代扣代缴的员工个人所得税，借记“应付职工薪酬”科目，贷记“应交税费——应交个人所得税”科目；企业缴纳个人所得税时，借记“应交税费——应交个人所得税”科目，贷记“银行存款”科目。

【实账处理】——应交个人所得税

弘達包装公司2016年10月结算应付职工工资总额为21万元，按税法规定应代扣代缴的职工个人所得税共计2100元，实发工资为207900元，相关会计分录和税务处理如下。

1．代扣个人所得税时。

借：应付职工薪酬——工资　　2100

　　贷：应交税费——应交个人所得税　　2100

2．代缴个人所得税时。

借：应交税费——应交个人所得税　　2100

　　贷：银行存款　　2100

2016年11月和12月，以及以后的每月，企业代扣代缴个人所得税的税务处理可参照该案例。

一般来说，企业与税务机关会签订扣款协议，这就属于直接扣款（税费），不会有代扣代缴手续费的问题。如果企业自己拿着税务机关出具的单子到银行缴税，则可能会被要求支付代扣代缴手续费。而有关税法规定，此手续费可予以返还，返还比例一般为2%。

个人所得税手续费返还时，若企业用于奖励办税人员（财务部），则借记“银行存款”科目，贷记“其他应付款——应付某财务人员款”科目。这种情况下，企业收到的个人所得税手续费只是代收代付性质，不计入企业的利润总额，因而不影响企业所得税。若企业不用于奖励办税人员，则借记“银行存款”科目，贷记“营业外收入——个人所得税返还”科目。这种情况下，企业收到的个人所得税手续费增加了收入，相应地会增加利润总额，因此对企业所得税有影响。

企业在代扣代缴员工的个人所得税时，一般按照七级超额累进税率计算员工应缴纳的个人所得税税额，计税基础为3500元，超过3500元的部分才会缴纳个人所得税，没有超过的将不用缴纳。同时，超过3500元的部分又要按不同的税率计算应纳税额，如表7-2所示。而表中应纳税所得额由如下所示的公式计算得出。

应纳税所得额＝每月收入金额－各项社会保险金－3500（外籍4800）

表 7-2

级数	应纳税所得额（含税）	应纳税所得额（不含税）	税率（%）	速算扣除数
1	不超过 1500 元	不超过 1455 元	3	0
2	超过 1500 ～ 4500 元的部分	超过 1455 ～ 4155 元的部分	10	105
3	超过 4500 ～ 9000 元的部分	超过 4155 ～ 7755 元的部分	20	555
4	超过 9000 ～ 35000 元的部分	超过 7755 ～ 27255 元的部分	25	1005
5	超过 35000 ～ 55000 元的部分	超过 27255 ～ 41255 元的部分	30	2775
6	超过 55000 ～ 80000 元的部分	超过 41255 ～ 57505 元的部分	35	5505
7	超过 80000 元的部分	超过 57505 元的部分	45	13505

职工福利费的税费考量

目前，越来越多的求职者和企业员工对工作的福利待遇需求增加。为了企业的发展，管理者也不得不提高员工的福利待遇。对于企业来说，提高福利待遇有一定的门道，掌握了技巧就可以帮助企业降低税负。如表7-3所示的分别是属于职工福利费和不属于福利费的范围。

表 7-3

项目	详细内容
属于福利费	职工医药费、职工生活困难补助（包括因公或非因工负伤、残废需要的生活补助）、职工及其供养直系亲属的死亡待遇、集体福利的补贴（包括职工浴室、理发室、洗衣房、哺乳室、托儿所等集体福利设施支出与收入相抵后的差额的补助，以及未设托儿所的托儿费补助和发给职工的修理费等）及其他福利待遇（上下班交通补贴、计划生育补助和住院伙食费等）

续表

项目	详细内容
不属于福利费	退休职工的费用；被辞退职工的补偿金；职工劳动保护费；职工在病假、生育假或探亲假期间领取到的补助；职工的学习费；职工的伙食补助费（包括职工在企业的午餐补助和出差期间的伙食补助）

而在各种福利费中，有些福利费需要员工缴纳个人所得税，有些不计入工资的费用，也就不需要缴纳个人所得税，具体情况如图7-2所示。

缴纳个人所得税的福利费

特定节假日期间企业发给员工的汤圆、米酒、月饼和粽子等实物福利都要并入工资薪金交税；以实物或购物卡等方式发放的福利；直接以现金形式发放的福利费（独生子女费、生活补助费、抚恤金和救济金免税）等。

不缴纳个人所得税的福利费

由公司统一支出的、有合法票据的福利费（探亲路费和食堂购入食品的发票等）；女职工领取的生育保险津贴等。需要注意的是，企业从员工工资中扣除的罚款不再属于收入，所以不缴纳个人所得税。

图7-2

【实账处理】——自产产品作为福利也交个人所得税

弘達包装公司于2016年12月24日发给员工的圣诞节福利时，以自产的包装袋充当了福利。而这批包装袋的价值为300元，那么如何计算应纳个人所得税额呢?

企业需要将包装袋这一福利涉及的金额总计到每位员工的工资中，然后根据工资情况，对比个人所得税税率计算应纳税额。

比如，某员工当月工资为4000元，加上获得圣诞节福利时涉及的包装袋1元。则：

应纳个人所得税＝（4000＋1－3500）×3%－0＝15.03（元）

如果不计算这1元的包装袋“福利”，则应纳个人所得税为（4000－3500）×3%－0＝15元。

与案例中的税务处理方法一样，前面提到的要缴纳个人所得税的福利费，都将在每月或每期计入总的工资，然后再根据工资个税的扣税标准计算应纳税额。

职工交通补贴和供暖补贴税务

通过上一小节的学习，我们知道了职工交通补贴属于员工福利范围，而容易被大家忽视的供暖补贴其实也属于福利范畴。按照《中华人民共和国企业所得税法实施条例》规定，职工交通补贴和供暖费补贴可以在税前扣除。

【实账处理】——税前扣除项目减小企业所得税计税基数

弘達包装公司于2016年12月月底时，为职工发放了总共50000元的供暖费补贴。相关税务处理如下。

借：管理费用　　50000

　　贷：应付职工薪酬——职工福利　　50000

根据税法规定，在计算2016年12月的企业所得税之前，可以将这50000元的供暖补贴从所得税额中扣除。这样一来，弘達包装公司12月应缴纳的企业所得税就会相应减少。

在处理税务过程中，需要注意以下细节。如果交通补贴和供暖补贴支付给生产部门的员工，则：

借：生产成本/制造费用/劳务成本

　　贷：应付职工薪酬——职工福利

如果发放给工程人员或研发人员，则：

借：在建工程/研发支出

　　贷：应付职工薪酬——职工福利

如果发放给管理部门人员或销售人员，则：

借：管理费用/销售费用

　　贷：应付职工薪酬——职工福利

由此可知，企业发放的职工交通补贴和供暖费补贴，在会计核算上可根据职工身份不同分别在相应的成本费用中列支。

住房公积金税前"分别"扣除

有关税法规定，单位和个人分别在不超过职工本人上一年度月平均工资12%的幅度内，其实际缴存的住房公积金，允许在个人应纳税所得额中扣除。而"分别"扣除是指单位在不超过12%的幅度内实际代扣代缴金额和职工个人在不超过12%的幅度内实际缴存额都允许在税前扣除，但需要分别做税务处理。

职工个人缴存的住房公积金和职工所在单位为职工缴存的住房公积金，都属于职工个人所有。其中，职工个人缴存的住房公积金由所在单位每月从其工资中代扣代缴，表现形式由工资性收入转变为住房公积金累积余额；而职工所在单位为职工缴存的住房公积金，无疑也体现为职工住房公积金累积余额，这两者之和都在每月的个人住房公积金账户上得到明确的集中反映。住房公积金税前"分别"扣除的是：职工个人缴存、个人账户当月增加额和所在单位缴存。

【实账处理】——住房公积金的扣除

某单位某职工2015年平均每月的工资为10000元，而2016年12月应发工资为11000元，单位按照12%的比例分别缴存住房公积金各1200元。相关数据计算和税务处理如下。

应纳个人所得税＝（11000＋1200－1200－1200－3500）×20%＝1260（元）

括号里的“＋1200”是单位为员工缴存的住房公积金，本属于员工个人收入，所以计算个人所得税时要加上。而其中两个“－1200”分别是单位为员工缴存和员工自己缴存的住房公积金的扣除数。

1．计提及代扣时。

借：管理费用　　1200

　　贷：应付职工薪酬——职工公积金（单位）　　1200

借：应付职工薪酬——工资　　1200

　　贷：其他应付款——代扣公积金（个人）　　1200

2．解缴时。

借：应付职工薪酬——职工公积金（单位）　　1200

　　其他应付款——代扣公积金（个人）　　1200

　　贷：银行存款　　2400

所以，个人账户12月增加额为“其他应付款——代扣公积金（个人）1200元”，所在单位缴存额为“应付职工薪酬——职工公积金（单位）1200元”。

但如果缴存的比例由12%变成18%，又将如何处理税务呢？比如，在同等条件下，单位按照18%的比例分别缴存住房公积金各1800元，则相关数据计算和税务处理如下。

应交个人所得税＝（11000＋1800－1200－1200－3500）×20%＝1380（元）

括号里的“＋1800”是单位为员工缴存的住房公积金，属于员工个人收入，计算个人所得税时需要加上。而住房公积金允许扣除的范围是12%以内，所以只能扣减两次1200元，而不是1800

元，超过1200元的部分要计入员工工资进行个人所得税缴纳。

由此可看出，住房公积金的实际缴存额以12%为标准，超过的部分不能在税前扣除，必须计入员工实际工资收入而缴纳个人所得税。

从案例中的会计分录就可以看出，住房公积金税前的“分别”扣除主要是因为计入的会计科目不同。

企业经营过程中的费用与税收

企业在生产经营过程中，可能还会涉及一些散而杂的费用，同时涉及纳税问题。而这些税务很有可能或肯定会影响企业的收入及企业所得税的缴纳，因此也需要相关人员掌握。

客户拿到产品后要求给折让的税费问题

在第3章的“增值税应纳税额的计算”内容中提到了折扣销售、销售折扣和销售折让。其中，折扣销售产生的折扣费可以从销售额中扣除，进而减少增值税销项税额；销售折扣产生的折扣费不得从销售额中扣除。

而销售折让一般是在企业售出的产品有了质量或品种问题时才会发生，因此产生的折让费用可以从销售额中扣除，减少企业应纳增值税所得额，从而销项税额会减少。如此一来，企业的营业收入会减少，相应的企业所得税费用也会减少，故销售折让会影响增值税和企业所得税税额。

【实账处理】——售出产品出问题，客户要求给折让

弘達包装公司于2016年12月19日向某商场销售一批包装袋，开出的增值税专用发票上注明的价款为9000元，增值税税额为1530元（9000×17%），款项尚未收到。这批包装袋的成本为7200元。商场采购负责人经过验收发现，该批包装袋存在一定的质量问题，有部分包装袋损坏不能使用。因此，12月23日商场要求弘達包装公司在价格上给予一定的折让，折让率为5%，弘達包装公司表示同意。已知弘達包装公司已经确认了收入，而与销售折让有关的增值税税额允许扣减。相关数据计算和税务处理如下。

1．2016年12月19日，销售收入实现时。

借：应收账款　　10530

　　贷：主营业务收入　　9000

　　　　应交税费——应交增值税（销项）　　1530

借：主营业务成本　　7200

　　贷：库存商品　　7200

2．2016年12月23日，发生销售折让时。

折让金额＝9000×5%＝450（元）

折让对应的增值税税额＝450×17%＝76.5（元）

合计冲减应收账款金额＝450＋76.5＝526.5（元）

借：主营业务收入　　450

　　应交税费——应交增值税（销项）　　76.5

　　贷：应收账款　　526.5

3．收到款项时。

收到金额＝10530－526.5＝10003.5（元）

借：银行存款　　10003.5

　　贷：应收账款　　10003.5

因此，在第5章计算出的2016年12月应缴纳的增值税税额会发生改变，同时，因为主营业务收入的减少，会影响12月企业所得税税额。

处置非专利技术的税务问题

非专利技术又称专有技术，指不为外界所知、在生产经营活动中已采用了的、不享有法律保护的、可以带来经济效益的各种技术和诀窍。非专利技术一般包括工业专有技术、商业贸易专有技术和管理专有技术等，具体有如图7-3所示的一些特点。

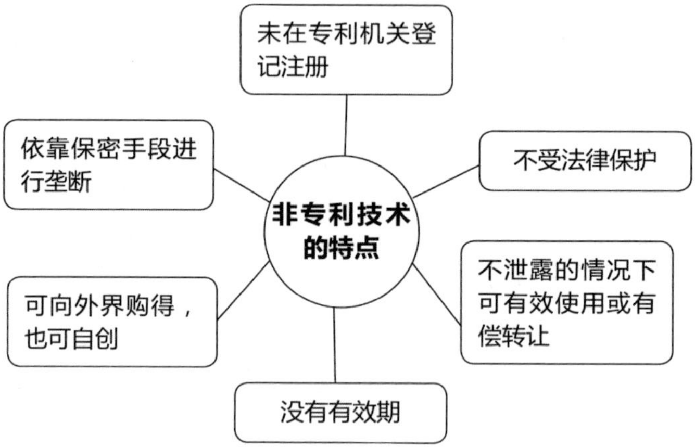

图7-3

非专利技术由向外界购得时，需要按实际支付的价款计价入账，但大多数非专利技术是企业自创的。自创的非专利技术需耗费大量的研制费用，原则上应予资本化，由后期分摊。但非专利技术往往是在生产经营中经过长期的经验积累逐步形成的，且无法预知是否会形成非专利技术，即使是有意要形成，也无法辨认哪些支出与将来的非专利技术有关，所以在实务中大都不予资本化。按照现行财务制度的规定，非专利技术的计价应经法定评估机构评估确认。

【实账处理】——出售非专利技术使用权

2015年9月15日，某公司取得一项价值90万元的非专利技术，到2016年9月15日出售其使用权时取得价款30万元（不含税价），价款和税款一起收到一张支票。已知出售非专利技术使用权属于技术转让服务，适用税率为6%。相关数据计算和税务处理如下。

增值税销项税额＝300000×6%＝18000（元）

借：应收票据	318000
贷：其他业务收入	300000
应交税费——应交增值税（销项）	18000

企业如果在“营改增”试点范围内提供非专利技术转让、技术开发和与之相关的技术咨询、技术服务的，免征增值税。而纳税人在申请免征增值税时，须持非技术转让、开发的书面合同，到试点纳税人所在地省级科技主管部门进行认定，并持有关的书面合同和科技主管部门审核意见证明文件报主管国家税务局备查。

另外，根据《中华人民共和国企业所得税法》的规定，企业符合条件的非技术转让所得可以免征或减征企业所得税。即一个纳税年度内，居民企业非技术转让所得不超过500万元的部分，免征企业所得税；超过500万元的部分，减半征收企业所得税。需要企业符合的条件有如下一些。

- 非专利技术转让主体是企业所得税法规定的居民企业。
- 非专利技术转让属于财政部、国家税务总局规定的范围。
- 境内非专利技术转让经过了省级以上科技部门认定。
- 向境外转让非专利技术的，已经过省级以上商务部门认定。
- 国务院税务主管部门规定的其他条件。

因此，企业对非专利技术的处置会影响增值税和企业所得税。

支付生产经营用水电费也计税

企业生产过程中，免不了要用水用电，如果收到水电公司开具的增值税专用发票，则可能会缴纳一定的增值税。

【实账处理】——企业交水电费收到增值税专用发票

弘達包装公司2017年1月3日收到2016年12月的水电费专用发票，票面注明的金额为40000元，增值税税额为6800元（40000×17%）。税务处理如下。

借：管理费用——水电费　40000

　　应交税费——应交增值税（进项）　6800

　　贷：银行存款　46800

如果在交了水电费以后补开发票，则：

借：预付账款　40000

　　应交税费——应交增值税（进项）　6800

　　贷：银行存款　40000

借：管理费用——水电费　46800

　　贷：预付账款　40000

　　　　应交税费——应交增值税（进项）　6800

按相关税法的规定，企业每月缴纳水电费时支出的增值税进项税额可以从月末（期末）的销项税额中抵扣。

价外费用的增值税

价外费用是指销售方向购买方收取的手续费、补贴、基金、集资费、返还利润、奖励费、违约金（延期付款利息）、包装费、包装物租金、储备费、运输装卸费、代收款项、代垫款项及其他各种性质的费用。但销售方向购买方收取的销项税额、受托加工应征消费税的消费品所代收代缴的消费税以及纳税人交给购货方的代垫运费等不属于价外费用。

【实账处理】——各种价外费用的税务处理

凡价外费用，无论企业会计制度如何核算，都应并入销售额中进行应纳税额的计算。

1．收取手续费、包装物租金。

借：其他应收款

　　贷：其他业务收入

　　　　应交税费——应交增值税（销项）

2．收取补贴基金。

借：其他应收款

　　贷：营业外收入

　　　　应交税费——应交增值税（销项）

3．收取购货方延期付款利息（冲减财务费用）。

借：其他应收款

　　贷：财务费用

　　　　应交税费——应交增值税（销项）

4．收取包装费、运输装卸费和储备费。

借：银行存款/应收账款/库存现金

　　贷：主营业务成本

　　　　应交税费——应交增值税（销项）

其他一些价外费用的税务处理与上述情况类似，企业和财务人员需根据实际情况准确处理税务工作。

弘達包装公司2016年第四季度的税费

一般来说，企业所得税采取季缴、半年缴或年缴等方式。因此，为理清弘達包装公司2016年10～12月的应交企业所得税的情况，本节将10~12月份中会影响企业所得税税额的业务进行总结和列举。

1．2016年10月15日被盗的原材料，其增值税税额不做转出处理。

2．2016年10月，销售一批包装袋，销售收入450000元，实际增值税支出为0元。因此，城市维护建设税、教育费附加等税费也为0元，需要转出的增值税进项税额为595元，销售成本为40万元。

3．2016年11月，销售收入233100元（150000＋24500＋46800＋11800），成本195199.28元（120000＋20000＋45169.28＋10030），实际缴纳增值税为0元，城市维护建设税和教育费附加等税费也为0元，车辆购置税10000元，车船税96元。

4．2016年12月发生了销售折让，同时还产生坏账46800元，销售收入632065元（300＋31200＋592015＋9000－450），销售成本为323760元（120＋0＋270000＋7200－360＋46800），各税金及附加总额为29870.96元（1050＋28820.96）。

Chapter

08

检查调账，税务处理与申报表的填制

OPTIONS

【本章要点】

OPTIONS

【实账处理】

税务的特殊情况与处理办法

企业税务工作中，免不了遇到一些特殊的税务情况，这些特殊情况源于税务处理过程中的细节问题和注意事项，因为会影响纳税期间的应纳税额，所以财务人员和企业管理者也要高度重视。

纳税减免的税务处理

纳税减免包含的方面很多，增值税、消费税、城市维护建设税、教育费附加、地方教育附加、房产税和土地使用税等都有相关的纳税减免政策。另外，还会有企业所得税相关的减免政策。不同税种的会计处理方式不同，因此在减免税费的处理方式上也会有差异，具体情况如下。

在达到税法规定的免征增值税或消费税条件时，将有关应交增值税转入当期营业外收入。

借：应交税费——应交增值税（消费税）

　　贷：营业外收入——减免税额

以增值税和消费税之和为计算基础的其他税种，免征时也计入营业外收入。（企业所得税的免征处理将在本章后面的内容中具体介绍）

借：应交税费——应交城市维护建设税（教育费附加等）

　　贷：营业外收入——减免税额

一般来说，国家更多的是对小型微利的企业实施纳税减免，中小型企业相对较少。中小型企业要想享受纳税减免，一般从年度应纳税所得额、从业人数及资产总额等方面判定是否符合纳税减免条件。

比如，小微企业要想享受纳税减免，必须满足如下条件。

- 工业企业，年度应纳税所得额不超过30万元，从业人数不超过100人，资产总额不超过3000万元。
- 其他企业，年度应纳税所得额不超过30万元，从业人数不超过80人，资产总额不超过1000万元。

税后利润弥补以前年度亏损

在会计处理上，如果企业上一年的净利润为负（或以前各年度的净利润总和为负），则当年的税后净利润需要首先弥补掉这部分亏损，然后才能作为当年可供分配的净利润，进而计提公积金、公益金或分红。总的来说，弥补亏损的方式有3种，如图8-1所示。

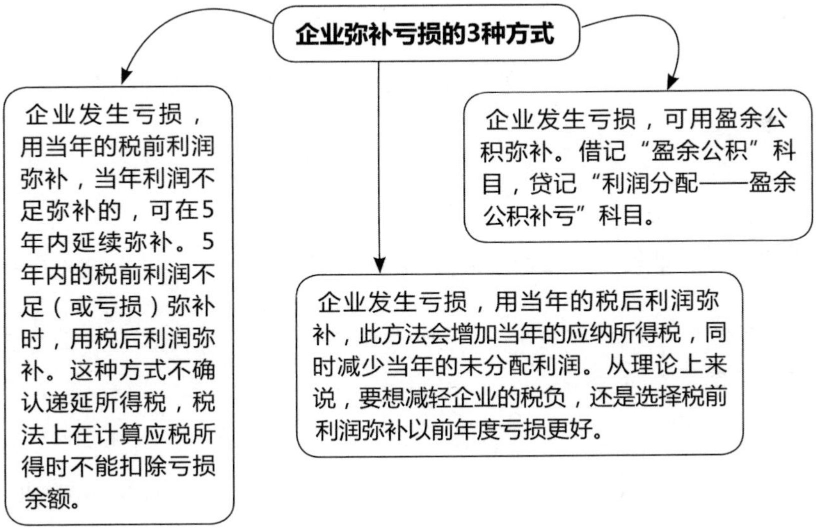

图8-1

为了更好地理解税前利润弥补亏损和税后利润弥补亏损的差别，下面就来看看具体的案例。

【实账处理】——税前利润弥补与税后利润弥补

税前和税后利润补亏的最大区别就是当年上缴的所得税和未分配利润不同。假设某公司以前年度总的亏损为78万元，而当年实现了120万元的利润总额，则不同的税务处理如下。

1. 税前利润弥补——先补亏，再交企业所得税。

当年应交所得税＝（120－78）×25%＝10.5（万元）

当年净利润＝120－10.5＝109.5（万元）

当年未分配利润＝－78＋109.5＝31.5（万元）

2. 税后利润弥补——先交税，再弥补亏损。

当年应交所得税＝120×25%＝30（万元）

当年净利润＝120－30＝90（万元）

当年未分配利润＝－78＋90＝12（万元）

在实际经营过程中，企业很可能发生需要连续几年进行弥补的亏损，此时的税务处理比较麻烦。

【实账处理】——连续弥补以前年度亏损

G公司在2016年发生亏损90万元，在年度终了时，企业应当结转本年度发生的亏损。

借：利润分配——未分配利润	900000	
贷：本年利润		900000

假设2017～2021年，该公司每年实现利润15万元。按照现行制度规定，企业在发生亏损后的5年内可以以税前利润弥补亏损。因此，2017～2021年之间每年年度终了时做如下会计处理。

借：本年利润	150000	
贷：利润分配——未分配利润		150000

这5年下来，2016年度的90万元亏损就能完成75万元（5×15）的补亏。而剩余15万元的亏损在第6年（2022年）就不能再使用税前利润弥补了，而要进行税后利润弥补。

假设该公司在2022年实现税前利润为30万元，按现行制度规定，该企业只能用税后利润弥补以前年度的亏损。在2022年年度终了时，企业首先应当按照当年实现的税前利润计算应负担的所得税（税率为25%），然后将当期扣除企业所得税后的净利润转入利润分配账户。相关数据计算和税务处理如下。

2022年应交企业所得税＝30×25%＝7.5（万元）

1．计算应缴纳企业所得税时。

借：所得税费用　　75000

　　贷：应交税费——应交企业所得税　　75000

借：本年利润　　75000

　　贷：所得税费用　　75000

2．确认未弥补的亏损。

借：本年利润　　150000

　　贷：利润分配——未分配利润　　150000

3．结转本年利润、弥补以前年度未弥补的亏损时。

2022年税后利润＝30－7.5＝22.5（万元）

借：利润分配——未分配利润　　225000

　　贷：本年利润　　225000

借：利润分配——未分配利润　　75000

　　贷：本年利润　　75000

案例中涉及的“本年利润”科目是指企业某个会计年度的净利润净亏损，它是一个汇总类账户，贷方登记企业当年实现的各项收入，借方登记企业当年发生的各项费用与支出，借贷方发生额相抵后，若为贷方余额，则表示企业本期经营活动实现净利润，若为借方余额，则表示企业本期发生的亏损。

如何处理递延所得税

递延所得税细分为递延所得税资产和递延所得税负债，有时企业自身会计上认定的缴税金额与税务局认定的金额不一致，而其中暂时性的差异就是递延所得税。

通俗地讲，递延就是将所得税递延到后期，实质上是时间差异，而会计交税金额与税务局认定金额形成的永久性差异没有递延之说。如表8-1所示的是递延所得税负债与递延所得税资产的对比。

表 8-1

<table>
<tr><th>项目</th><th>递延所得税负债</th><th>递延所得税资产</th></tr>
<tr><td>解释</td><td>是根据应纳税暂时性差异计算的未来期间应支付的所得税金额</td><td>以未来很可能取得并用来抵扣可抵扣暂时性差异的应纳税所得额为限确认的资产</td></tr>
<tr><td>不确认的情况</td><td>1. 商誉的初始确认中不确认递延所得税负债
2. 若企业合并以外的其他交易发生时既不影响会计利润也不影响应纳税所得额，则以资产、负债的初始确认而产生的递延所得税负债不予确认；
3. 与联营或合营企业的投资相关的应纳税暂时性差异，产生的递延所得税负债在同时满足这两个条件时不予确认：投资企业能够控制暂时性差异转回的时间；该暂时性差异在可预见的未来很可能不会转回</td><td>1. 若企业合并以外的交易发生时既不影响会计利润也不影响应纳税所得额，则交易中产生的资产、负债入账价值与计税基础之间的差额形成可抵扣暂时性差异的，不确认为递延所得税资产；
2. 按规定可结转以后年度的亏损，若数额较大且缺乏证据表明企业未来期间会有足够应纳税所得额时，不确认递延所得税资产</td></tr>
<tr><td>调整</td><td colspan="2">若暂时性差异影响利润，确认的递延所得税负债应调整“所得税费用”。比如，会计折旧小于税法折旧而导致资产的账面价值大于计税基础，若产品已经对外销售，就会影响利润，所以应调整当期所得税费用；若暂时性差异不影响利润，而是直接计入所有者权益的，则确认的递延所得税负债应调整资本公积。比如，可供出售金融资产是按照公允价值来计量，公允价值上升，会计上会调增可供出售金融资产的账面价值，并确认其他综合收益，同时不能调整所得税费用</td></tr>
</table>

为更好地了解递延所得税负债与递延所得税资产的实际处理区别，下面通过实际案例深入分析。

【实账处理】——递延所得税负债与递延所得税资产

企业在确认相关资产、负债时，根据所得税准则应予确认的递延所得税负债，借记“所得税——递延所得税费用”或“资本公积——其他资本公积”等科目，贷记“递延所得税负债”科目。资产负债表日，企业根据所得税准则应予确认的递延所得税负债大于本科目余额的，借记“所得税——递延所得税费用”或“资本公积——其他资本公积”等科目，贷记“递延所得税负债”科目，应予确认的递延所得税负债小于本科目余额的，做相反会计分录。另外，“递延所得税负债”科目期末时贷方余额反映企业已确认的递延所得税负债金额。

H公司在2016年按企业会计准则计算的税前会计利润为800万元，所得税税率为25%，未来税率预计不会发生调整。当年按税法核定的全年计税工资144万元，实发工资160万元，相关提取的福利费、工会经费和职工教育经费等准予全额税前扣除。企业拥有固定资产原值40000万元，会计处理采用加速折旧法计提折旧，当年折旧额5120万元，累计折旧额19520万元，无减值准备；税务处理采用平均年限法，当年折旧额4000万元，累计税前扣除折旧额12000万元，预计使用年限及净残值与会计处理不存在差异。

另外，公司当年购入准备近期出售的某上市公司股票，成本为160万元，年末市价208万元，当年未发生派发红利等事项；年初递延所得税资产账面余额2112万元，递延所得税负债账面余额0元。除上述事项外无其他纳税调整事项，且该企业预计未来很可能取得足够的应纳税所得额用于抵扣可抵扣暂时性差异。

1. 按当期税法规定计算的应交所得税确认所得税费用。

会计利润＝800万元

加：工资费用纳税调增额＝160－144＝16（万元）

加：折旧费用纳税调增额＝5120－4000＝1120（万元）

减：交易性金融资产纳税调减额＝208－160＝48（万元）

应纳税所得额＝800＋16＋1120－48＝1888（万元）

应交所得税＝1888×25%＝472（万元）

借：所得税费用　　　　　　　　　　　　　　4720000

　　贷：应交税费——应交所得税　　　　　　　　4720000

2. 按资产、负债的账面价值与计税基础之间的差额，确认暂时性差异及其递延所得税。

固定资产账面价值＝40000－19520＝20480（万元）

固定资产计税基础＝40000－12000＝28000（万元）

可抵扣暂时性差异＝28000－20480＝7520（万元）

该可抵扣暂时性差异表明，企业未来在使用、处置该固定资产时，根据税法的规定需调减应纳税所得额7520万元。

递延所得税资产＝7520×25%＝1880（万元）

由于该固定资产在未来使用、处置时需依税法规定调减应纳税所得额，即意味着企业未来可少交所得税1880万元，由此形成当期期末企业的一项资产。

当期应增计的递延所得税资产＝1880–2112＝－232（万元）

由于企业当期期初已存在递延所得税资产2112万元，因此当期期末的递延所得税资产补计为1880万元即可。

交易性金融资产账面价值＝208万元

交易性金融资产计税基础＝160万元

应纳税暂时性差异＝208－160＝48（万元）

该应纳税暂时性差异表明，企业未来在出售该金融性交易资产时，根据税法的规定需调增应纳税所得额48万元。

递延所得税负债＝48×25%＝12（万元）

由于该交易性金融资产在未来出售时需依税法规定调增应纳

税所得额，即意味着企业未来应多交所得税12万元，由此形成当期期末企业的一项负债。

当期应增计的递延所得税负债＝12–0＝12（万元）

借：所得税费用　2440000

　贷：递延所得税资产　2320000

　　　递延所得税负债　120000

“营改增”后“应交税费”科目如何设置

2016年5月1日后，很多经济业务的税务处理工作发生了改变。很多人会问，销售货物的留抵税额可以从“销售服务、无形资产或不动产的销项税额中抵扣”吗？现在建筑业“营改增”，应交税费进项税额科目是否需要按照销售货物、销售服务、无形资产或不动产业务类别进行设置？下面通过分析《营业税改征增值税试点有关事项的规定》的内容认识“营改增”后“应交税费”科目的设置。

【实账处理】——以点概面讲“应交税费”科目的设置

2016年5月1日后实施的《营业税改征增值税试点有关事项的规定》中有很多细节问题会影响企业纳税的调整，下面对其中两条规定做简要分析。

规定一：原增值税一般纳税人兼有销售服务、无形资产或者不动产的，截止到纳入营改增试点之日前的增值税期末留抵税额，不得从销售服务、无形资产或者不动产的销项税额中抵扣。

分析：2016年5月1日后销售货物的留抵税额可以从销售服务、无形资产或者不动产的销项税额中抵扣；而不得从销售服务、无形资产或者不动产的销项税额中抵扣的仅限于“营改增试点之日前的增值税期末留抵税额”，2016年5月1日后产生的进项税额在抵扣时就不再做区分处理。

规定二：营改增试点地区兼有应税服务的原增值税一般纳税人，截止到开始试点当月月初的增值税留抵税额，按照营业税改征增值税的有关规定不得从应税服务的销项税额中抵扣的，应在“应交税费”科目下增设“增值税留抵税额”明细科目。

分析：开始试点当月月初，企业不得从应税服务的销项税额中抵扣的增值税留抵税额，应做如下处理。

借：应交税费——增值税留抵税额

　　贷：应交税费——应交增值税（进项税额转出）

待以后期间允许抵扣时，按允许抵扣的金额做如下处理。

借：应交税费——应交增值税（进项税额）

　　贷：应交税费——增值税留抵税额

由上述分析可知，全面实施“营改增”后，企业除了根据需要在“应交税费”科目下增设“增值税留抵税额”明细科目外，不需要按销售货物、无形资产或者不动产业务类别进行明细设置与核算。

提示：待抵扣增值税与增值税留抵税额

待抵扣增值税是企业还没有向主管税务部门申报缴纳的进项税额；增值税留抵税额是企业已经向主管税务部门申报纳税但当期没有抵扣完的进项税额。

坏账损失的税务问题

坏账损失是指企业确定不能收回的各种应收款项。一般来说，应收账款符合下列条件之一的，就应确认为坏账。

- 债务人死亡，以其遗产清偿后仍然无法收回的账款。
- 债务人破产，以其破产财产清偿后仍然无法收回的账款。
- 债务人较长时期内未履行其偿债义务，并有足够的证据表明无法收回或收回可能性极小的账款。

上述3个条件中的每一个条件都是充分条件，其中第3个条件是需要会计人员做出职业判断的。我国现行制度规定，上市公司坏账损失的决定权在公司董事会或股东大会。如图8-2所示的是坏账损失的会计与税务处理。

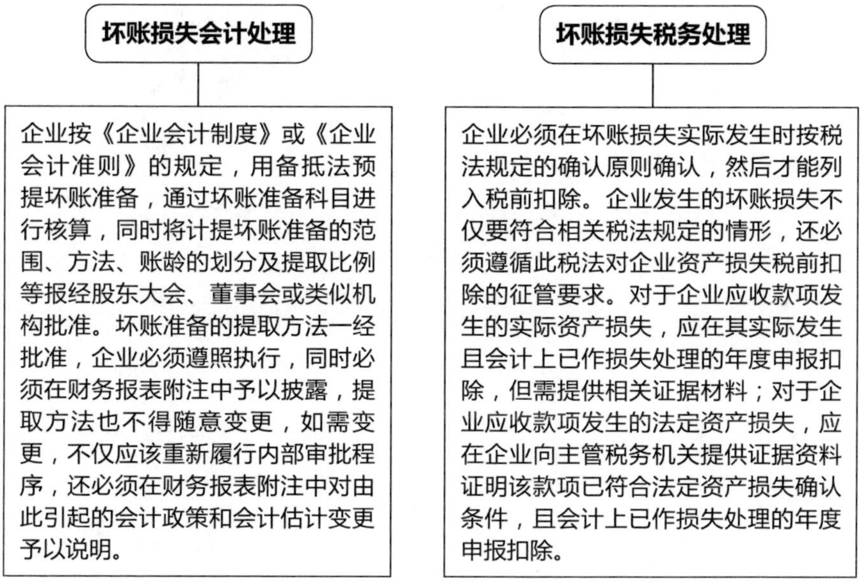

图8-2

由此可见，不管是何种坏账损失，企业都必须按税法规定的程序和要求向主管税务机关申报税前扣除，未经申报的坏账损失不能在税前扣除。另外，随着新企业所得税法的实施，原企业所得税法对“不超过年末应收账款余额5%的坏账准备金经税务机关审批后允许列入税前扣除”的规定就同时失效。

由于税法不认可会计上计提的坏账准备，所以企业在计缴企业所得税时必须对计提的坏账准备进行纳税调整，由此产生了应纳税暂时性差异，因此，企业必须注意正确核算由此产生的会计税务差异。

【实账处理】——坏账准备导致的纳税调整

弘達包装公司执行《企业会计准则》，对坏账损失按照账龄分析法计提坏账准备，2015年年末账面坏账准备余额为80万元（2015年汇算清缴已作纳税调整，“递延所得税资产”账户有借方余额20万元）；2016年9月以银行存款形式收回2015年汇算清缴确认并已核销的预付账款坏账损失20万元（该坏账损失核销时已列入税前扣除），2016年汇算清缴时确认并核销了应收账款坏账损失53.33万元（该坏账损失也已列入税前扣除），2016年年末应收款项应计提坏账准备120万元。

公司应对2015年和2016年涉及的坏账损失事项进行如下处理，并进行纳税调整（公司适用的企业所得税税率为25%）。

1. 2016年9月收回2015年确认并核销的预付账款坏账损失。

借：银行存款　　200000

　　贷：坏账准备　　200000

2. 2016年汇算清缴确认并核销应收账款坏账损失。

借：坏账准备　　533300

　　贷：应收账款　　533300

3. 按账龄分析法，公司2015年年末账面坏账准备余额80万元，因2016年9月收回2015年度确认并核销的预付账款坏账损失20万元转回，贷记了坏账准备20万元，2012年度汇算清缴时确认并核销了应收账款坏账损失53.33万元，借记了坏账准备53.33万元，从而使得2016年年末坏账准备计提前的贷方余额为46.67万元（80＋20－53.33）。但是，由于2016年年末账面应计提坏账准备120万元，因此公司应补提坏账准备73.33万元（120－46.67）。

借：资产减值损失　　　　　　　　　　733300

　　贷：坏账准备　　　　　　　　　　　　733300

同时，将补提的坏账准备73.33万元转入本年利润。

借：本年利润　　　　　　　　　　　　733300

　　贷：资产减值损失　　　　　　　　　　733300

4. 对补提的坏账准备进行纳税调整。

由于2016年9月收回2015年度确认并核销的预付账款坏账损失20万元在2015年汇算清缴时已列入税前扣除，2016年确认并核销的应收账款坏账损失53.33万元也已税前扣除，所以当这两笔已作税务处理的款项通过坏账准备账户核算后，对坏账准备账户借、贷方的发生额都应做相应的转回处理。

因此，公司2016年应补提的73.33万元坏账准备还应减去当年发生的允许税前扣除的53.33万元（借方调整），加上当年发生的前一年已税前扣除后一年度又收回的20万元（贷方调整），调整后公司2016年计提需进行纳税调整的坏账准备金额为40万元（73.33－53.33＋20），所以公司2016年因补提坏账准备进行纳税调整的应补缴企业所得税为10万元（40×25%）。

借：所得税费用　　　　　　　　　　　100000

　　贷：应交税费——应交企业所得税　　　　100000

借：递延所得税资产　　　　　　　　　100000

　　贷：所得税费用　　　　　　　　　　　100000

由案例可以看出，企业对坏账准备进行纳税调整时，不能直接以年末对坏账准备的补提数或转回数作为纳税调整的金额。若直接按补提的73.33万元坏账准备进行纳税调整，弘達包装公司就应补缴18.33万元（73.33×25%）的企业所得税，无疑多交了企业所得税。

实际上，按照调整后的40万元作为2016年年末计提坏账准备需纳税调整的金额，加上2015年年末计提坏账准备的纳税调整额80万元，公司前后两个年度因计提坏账准备而纳税调整的总金额是120万元，与公司2016年年末账面保留的坏账准备余额完全一致，这说明了如下两个规律性问题。

◆ 在一般情况下，企业只应该就本年度与前一年度坏账准备账户年末余额之间的差额进行纳税调整。

◆ 在一般情况下，企业各年度因计提坏账准备需纳税调整的总额等于最后一年度年末坏账准备的账面余额。

所以，在日常会计处理和纳税调整的实务中，不管是会计、审计还是税务人员，不仅要注意对计提坏账准备纳税调整的规律性，还要注意学会具体情况具体分析，切忌对坏账准备的纳税调整简单行事。

其他税务事项

企业在年度终了后，需要对当年所有税费情况进行总结汇算，尤其是企业所得税，从而便于结转当年的利润，这也是企业税务的最终任务。

税金及附加

“税金及附加”科目即“营业税金及附加”科目，因为2016年5月1日全面实行“营改增”后做出了名称的修改与包含税种的调整（相关文件：财会〔2016〕22号文）。“营改增”实施之前，营业税金及附加包括营业税、消费税、资源税、教育费附加和城市维护建设税等；而“营改增”实施以后，营业税被取消，此时税金及附加包括消费税、资源税、教育费附加、城市维护建设税、房产税、车船税、土地增值税和印花税。

【实账处理】——弘達包装2016年第四季度税金及附加

由前述弘達包装公司发生的税务可知，企业不涉及消费税、资源税和土地增值税。而第四季度的税金及附加科目的情况大概如下。

2016年10月，增值税进项税额获得抵扣，最终应交增值税税额0元，应交城市维护建设税0元，应交教育费附加和地方教育附加0元，应交房产税0元，应交车船税0元，应交印花税0元。

2016年11月，增值税进项税额抵扣以后，最终应交增值税额0元，应交城市维护建设税0元，应交教育费附加和地方教育附加0元，应交房产税0元，应交车船税96元，应交印花税0元。

2016年12月，增值税进项税额抵扣以后，最终应交增值税额240174.65元，应交城市维护建设税、教育费附加和地方教育附加共28820.958元，应交房产税1050元，应交车船税0元，应交印花税0元。

按照“营改增”实施前的规定，企业相关月份的营业税金及附加金额如下。

10月营业税金及附加＝0（元）

11月营业税金及附加＝0（元）

12月营业税金及附加＝28820.958（元）

按照“营改增”实施后的规定，企业相关月份的税金及附加金额如下。

10月税金及附加＝0（元）

11月税金及附加＝96（元）

12月税金及附加＝28820.958＋1050＝29870.958（元）

企业所得税账务处理的几种情况

由于企业所得税会有预缴的情况，因此账务处理会与增值税等一般的税种有明显的不同。

【情况一，所得税减免】

分为法定减免和政策性减免。法定减免是根据税法规定公布的减免政策，不需办理审批手续，免税所得不需要计算应纳税款，直接结转本年利润，不作税务会计处理；政策性减免是根据税法规定，由符合减免所得税条件的纳税人提出申请，经税务机关按规定的程序审批后才可享受减免税的优惠政策，减免的税款实行先征后退原则。有如图8-3所示的3个步骤及具体的会计分录。

1 企业计算并缴纳所得税时的会计分录。

借：所得税费用

　　贷：应交税费——应交企业所得税

借：应交税费——应交企业所得税

　　贷：银行存款

2 接到税务机关减免税的批复后申办退税，收到退税款。

借：所得税费用

　　贷：应交税费——应交企业所得税

3 企业将税务机关退还的所得税款转入资本公积的会计分录。

借：应交税费——应交企业所得税

　　贷：资本公积

图8-3

【情况二，按月（季）预缴、年终汇算清缴所得税】

该情况下，企业所得税的处理步骤较复杂，有如图8-4所示的4个步骤及会计分录。

1. **企业计算应预缴所得税额和缴纳所得税。**

借：所得税费用

　　贷：应交税费——应交企业所得税

借：应交税费——应交企业所得税

　　贷：银行存款

2. **年终按自报应纳税所得额进行年度汇算清缴，计算出全年应纳所得税额，减去已预缴税额后为应补税额。**

借：所得税费用

　　贷：应交税费——应交企业所得税

3. **根据税法规定，乡镇企业经税务机关审核批准，准予在应缴纳所得税额中扣除10%作为补助社会性支出（非乡镇企业不需要做该项税务处理），计提“补助社会性支出”。**

借：应交税费——应交企业所得税

　　贷：其他应交款——补助社会性支出

4. **企业缴纳年终汇算应缴税款。**

借：应交税费——应交企业所得税（1、2、3步借贷方差额）

　　贷：银行存款

图8-4

年度汇算清缴，计算出全年应纳所得税额少于已预缴税额，其差额为多缴所得税额，不办理退税的相关步骤和会计分录如图8-5所示。

1. **多缴税款还没有退还。**

借：其他应收款——应收多缴所得税款

　　贷：所得税费用

2. **经税务机关审核批准退还多缴税款。**

借：银行存款

　　贷：其他应收款——应收多缴所得税款

图8-5

对多缴所得税额不办理退税的，抵缴下年度预缴所得税。

借：所得税费用

　　贷：其他应收款——应收多缴所得税款

【情况三，企业对外投资收益等计算补缴所得税】

企业对外投资收益和从联营企业分回的税后利润（投资方企业所得税税率高于被投资企业或联营企业）计算补缴所得税的两个步骤及相关分录如图8-6所示。

1 企业计算并补缴企业所得税额。

借：所得税费用

　　贷：应交税费——应交企业所得税

借：应交税费——应交企业所得税

　　贷：银行存款

2 将“所得税费用”的借方余额结转“本年利润”时（所得税费用科目年终没有余额）。

借：本年利润

　　贷：所得税费用

图8-6

【情况四，对以前年度损益调整事项的税务处理】

若上年度年终结账后，于本年度发现上年度所得税计算有误，应通过损益科目“以前年度损益调整”进行税务处理。“以前年度损益调整”科目的借方发生额反映企业以前年度多计收益或少计费用而调整的本年度损益数额；贷方发生额反映企业以前年度少计收益或多计费用而调整的本年度损益数额。

但是根据税法规定，纳税人在纳税年度内应计未计和应提未提的扣除项目，在规定的纳税申报期后发现的，不得转移以后年度补扣。但多计多提费用和支出应予以调整，相关处理步骤与会计分录如图8-7所示。

1 企业发现上年度多计多提费用、少计收益。

借：利润分配——未分配利润

　　贷：以前年度损益调整

2 企业在年末时进行结账。

借：以前年度损益调整

　　贷：本年利润

图8-7

【情况五，企业清算所得税】

由于企业破产、解散或被撤销，正常的经营活动终止，纳税人依法进行清算时要缴企业所得税。相关步骤和会计分录如图8-8所示。

1 对清算所得计算应交所得税并缴纳税款。

借：所得税费用

　　贷：应交税费——应交企业所得税

借：应交税费——应交企业所得税

　　贷：银行存款

2 将所得税结转清算所得。

借：清算所得

　　贷：所得税费用

图8-8

【情况六，采用“纳税影响会计法”进行纳税调整】

按调增的永久性差异的所得额计算应缴所得税，税务处理与情况六相同，而对时间性差异纳税调整的会计处理有所不同。

将“调增的时间性差异所得额＋未调整前的利润总额”之和计算得出的应纳所得税与未调整前利润总额计算出的所得税进行对比，然后将本期的差异额在“递延所得税”科目中分期递延和分配，到发生相反方向影响时再进行相反方向的转销，直到递延所得税款全部递延和转销完毕。

当期调增的时间性差异所得额加未调整前利润总额之和算出的应缴所得税大于未调整前的利润总额计算出的所得税时，税务处理步骤和会计分录如图8-9所示。

1 计算并缴纳企业所得税。

借：所得税费用

　　递延所得税

　　贷：应交税费——应交企业所得税

2 期末将所得税费用结转到本年利润。

借：本年利润

　　贷：所得税费用

图8-9

当期调增的时间性差异所得额加未调整前利润总额之和算出的应缴所得税小于未调整前的利润总额计算出的所得税时，税务处理步骤和会计分录如图8-10所示。

1 计算并缴纳企业所得税。

借：所得税费用

　　贷：应交税费——应交企业所得税

　　　　递延所得税

2 期末将所得税费用结转到本年利润。

借：本年利润

　　贷：所得税费用

图8-10

【情况七，采用“应付税款法”进行纳税调整】

对永久性差异（按税法规定的不能计入损益的项目在会计上计入损

益，从而导致会计利润与按税法计算的应纳税所得额不一致而产生的差异）的纳税调整，相关税务处理步骤和会计分录如图8-11所示。

1　按调增的永久性差异的所得额计算应缴所得税。

借：所得税费用

　　贷：应交税费——应交企业所得税

2　期末将所得税费用结转到本年利润。

借：本年利润

　　贷：所得税费用

图8-11

对时间性差异（由于收入项目或支出项目在会计上计入损益的时间和税法规定不一致所形成的差异）的纳税调整，税务处理与永久性差异的纳税调整类似。

结转利润时的税务处理

企业为了计算出当期利润，通常需要在月末或者年末进行利润结转（月结转利润被称为账结法，年底一次性结转利润称为表结法）。由于各种税费会影响企业的利润，因此利润结转会涉及相关的税费处理。

表结法中，各损益类账户月末只需结计出本月发生额和月末累计余额，不结转到“年利润”账户，年末时再将全年累计余额转入“本年利润”账户，但月末要将损益类账户的本月发生额合计数填入利润表的本月数栏，同时将本月末累计余额填入利润表的本年累计数栏，通过利润表计算反映各期的利润（亏损）。

表结法减少了转账环节和工作量，同时不影响利润表的编制及有关损益指标的利用。

账结法中，月末均需编制转账凭证，将在账上结计出的各损益类账户的余额转入“本年利润”科目，结转后“本年利润”科目的本月合计数反映当月实现的利润或发生的亏损，“本年利润”科目的本年累计数反映本年累计实现的利润或发生的亏损。

账结法在各月均可通过“本年利润”科目提供当月及本年累计的利润（亏损）额，但增加了转账环节和工作量。

企业期末结账都离不开利润结转环节，如图8-12所示的是需要结转入本年利润的相关会计科目。

转入本年利润贷方：主营业务收入、其他业务收入、营业外收入、投资收益的净收益及公允价值变动损益的净收益。

主营业务成本、其他业务成本、营业外支出、投资收益净损失、公允价值变动损益净损失、税金及附加、销售费用、管理费用、财务费用、资产减值损失及所得税费用。：**转入本年利润借方**

图8-12

【实账处理】——弘達包装2016年第四季度利润结转税务处理

弘達包装公司在2016年10～12月的相关收入、费用、支出和收益等情况如下。

2016年10月，主营业务收入45万元、其他业务收入10000元、营业外收入0元、投资收益0元、公允价值变动损益0元、主营业务成本40万元、其他业务成本8000元、营业外支出255元、税金及附加0元、资产减值损失0元及管理费用1755元。

2016年11月，主营业务收入174500元（150000＋24500）、其他业务收入0元、营业外收入0元、投资收益0元、公允价值变动损益0元、主营业务成本14万元（12＋2）、其他业务成本0元、营业外支出0元、税金及附加96元、资产减值损失0元及管理费用10000元。

2016年12月，主营业务收入1687165元（300＋78000＋11800＋592015＋1000000＋8550－3500）、其他业务收入0元、营业外收入0元、投资收益0元、公允价值变动损益0元、主营业务成本1129359.28元（120＋45169.28＋10030＋270000＋800000＋6840－2800）、其他业务成本40万元、营业外支出15000元、税金及附加29870.958元（1050＋28820.958）、资产减值损失46800元、管理费用50000元。

将各损益类科目年末余额结转入“本年利润”科目，忽略掉2016年1～9月的损益类科目年末余额，这里只对2016年第四季度的数据进行结转。

1．结转各项收入和利得类科目。

主营业务收入＝45＋17.45＋168.7165＝231.1665（万元）

其他业务收入10000元

借：主营业务收入	2311665	
其他业务收入	10000	
贷：本年利润		2321665

2．结转各项费用和损失类科目。

主营业务成本＝40＋14＋112.935928＝166.935928（万元）

其他业务成本＝8000＋0＋400000＝408000（元）

营业外支出＝255＋0＋15000＝15255（元）

税金及附加＝0＋96＋29870.958＝29966.958（元）

管理费用＝1755＋10000＋50000＝61755（元）

资产减值损失为46800元

借：本年利润	2231136.238	

贷：主营业务成本　　1669359.28

其他业务成本　　408000

营业外支出　　15255

税金及附加　　29966.958

管理费用　　61755

资产减值损失　　46800

3．经过上述结转后，“本年利润”科目的贷方发生额合计2321665元，减去借方发生额合计2231136.238元，即为税前会计利润90528.762元。

4．由于2016年11月22日购买的一辆货车涉及车辆购置税，按规定可以在以后的计提折旧年度内抵扣企业所得税。如果2016年年底进行了相关抵扣，则税前会计利润将比90528.762元要多。

5．应交企业所得税＝90528.762×25%＝22632.1905（元）

借：所得税费用　　22632.1905

贷：应交税费——应交企业所得税　　22632.1905

将所得税费用结转入“本年利润”科目。

借：本年利润　　22632.1905

贷：所得税费用　　22632.1905

6．将“本年利润”科目年末余额67896.5715元（2321665－2231136.238－22632.1905），转入“利润分配——未分配利润”科目。

借：本年利润　　67896.5715

贷：利润分配——未分配利润　　67896.5715

由上述案例可知，企业在将所有影响“本年利润”的科目期末余额计算出来后，结转入本年利润，而本年利润的期末余额转入利润分配。

各种税务申报表的填制

企业在每个税务申报期内要按规定进行纳税申报，以往企业需要到税务机关办理申报纳税手续，而随着互联网的发展，有的税务可以直接在网上申报。

增值税纳税申报表

无论企业是网上申报纳税还是到税务机关大厅申报缴纳税款，都需要遵循如图8-13所示的流程。

第一步，填报销售收入。附表一必填，其他内容是否填写将视情况而定，如享受差额征税政策的需填写附表三。

⇓

第二步，填报进项税额。附表二和《本期抵扣进项税额结构明细表》必填，其他内容的填写可视情况而定，如有不动产分期抵扣项目的需填写附表五，有固定资产进项抵扣的需填写《固定资产（不含不动产）进项税额抵扣情况表》。

⇓

第三步，填报税额抵减。有税控设备及技术维护费抵减或预缴税款抵减的，需要填写附表四。

⇓

第四步，填写减免税明细。有享受减免税业务的，需要填写《增值税减免税申报明细表》。

⇓

第五步，填报主表。在填报《增值税纳税申报表主表》时，注意核对主表、附表、税控开具发票及进项抵扣的各项数据。

⇓

第六步，填报税负测算。符合条件的一般纳税人要填报税负分析表。

图8-13

企业以前都是指派税务人员到办税机关大厅申报纳税，而现在很多企业或小规模纳税人都采用网上申报纳税的方法，即纳税人直接进入相关税务申报系统完成纳税申报缴纳。

如进入四川国税申报系统（http://wsbs.sc-n-tax.gov.cn/）和四川地税申报系统（http://12366.sc-l-tax.gov.cn/etax/#）的官网，然后分别完成国税和地税的申报缴纳，如图8-14所示。

图8-14

需要注意的是，纳税人需要有网上办理税务申报和缴纳的账号，完成登录后才能进入税务申报和缴纳页面进行税费的申报和缴纳。

一般纳税人与小规模纳税人有所不同，其国税有专门的申报系统，需要下载“国税申报系统”软件（官网、360软件管家等都可下载）并安装在电脑或手机上，然后通过该软件进入系统完成企业国税的申报缴纳。

如图8-15所示为四川国税网上申报系统的端口和登录系统后的首页（下载安装了“国税申报系统”的还需认证并登录才能使用，否则即使安装成功也不能用于申报纳税）。

图8-15

不过一般纳税人的地税申报与小规模纳税人相同，都采取网页申报方式，不需要下载安装专门的系统。由于一般纳税人国税的申报缴纳使用专门的系统，所以每年需要按时缴纳一定的系统维护费，否则会因为系统使用期限到期未续费而导致无法使用纳税申报系统。因为弘達包装公司是增值税一般纳税人，而增值税属于国税税种，所以需要通过专门的“广东国税网上申报系统”进行纳税申报。

消费税纳税申报表

当企业经济业务涉及消费税应税消费品时，需要进行消费税纳税申报；反之，没有涉及的则不需要进行消费税纳税申报，如图8-16所示的是消费税纳税申报表的一般形式。

其中，“税款所属时间”指纳税人申报的消费税应纳税款的所属期间，以月度公历起讫日期为准；“填表日期”指纳税人填写本表的具体日期；“纳税人识别号”是税务机关为纳税人确定的税务登记码；“纳税人名称”栏填写纳税人单位全称，不得填写简称；“营业地址”栏填写纳税人详细经营地址。

在表内容中，“销售数量”栏填写申报期实现的销售数量，与之对应的是“销售额”；“视同销售数量”指纳税人用于生产非应税消费品和在建工程、管理部门、非生产机构、提供劳务及用于馈赠、赞助、集资、广告、样品、职工福利、奖励、换取资料、投资入股和抵偿债务等方面的消费品数量，与之对应的是“视同销售金额”。

消费税纳税申报表

税款所属时间：自　年　月　日至　年　月　日　　填表日期：　年　月　日　　金额单位：元

微机代码：　　纳税人识别号：

纳税人名称		法定代表人姓名		营业地址	
开户银行及		企业登记注册类		电话号码	

产品名称	适用税目	销售数量	销售额	视同销售数量	视同销售金额	计税金额	税率%	计税数量	单位税额	本期准予扣除税额	本期应交税金	减征税额	本期应征入库税额	本期已交税金	本期应补（退）税金

如纳税人填报，由纳税人填写以下各栏			如委托代理人填报，由代理人填写以下各栏				备注
会计主管（签章）	经办人（签章）	纳税人（签章）	代理人名称			代理人（签章）	
			地址				
			经办人		电话		
以下由税务机关填写							
收到申报日期				接收人			

图8-16

根据不同的应税消费品，企业需要填写的申报表有所不同，如《烟类应税消费品消费税纳税申报表》、《卷烟批发环节消费税纳税申报表》、《酒类应税消费品消费税纳税申报表》、《电池消费税纳税申报表》及《成品油消费税纳税申报表》等。若弘達包装公司涉及消费税缴纳，则需要进入“广东国税网上申报系统”进行纳税申报并填写相关资料。

企业所得税纳税申报表

纳税人必须按要求填写《企业所得税纳税申报表》及附表，保证填报数据的完整，无数据的项目填“0”，不得漏项。

提示：采用OCR扫描格式进行企业所得税纳税申报

采用OCR扫描格式进行企业所得税纳税申报的，填写申报表的要求更加严格。纳税人不仅要按要求填写《企业所得税纳税申报表》及附表，保证填报数据的真实、准确且逻辑关系正确，还要保证表与表之间的制约关系正确，且用黑色签字笔按“填写标准”的字体在表中填写，表内的各项指标必须填写完全，填完的字符不得涂抹勾画，填错的字符可用涂改液覆盖后再重新填写。除此之外，单位盖章需用红色印油，不得将单位章盖在表中所填数据区域和黑色标识块上。

根据本书第7章的内容可知，企业所得税可按季度缴，也可按年缴纳，如图8-17所示的是企业所得税季度纳税申报表。

企业所得税季度纳税申报表

申报所属日期　　年　月　日至　　年　月　日　　　　金额单位：　　元

计算机代码		申报单位	
地址及电话		缴款书号	
经济类型		行业	入库级次
项　　目	**行次**	**本期累计数**	
收入总额	1		
利润总额（应纳税所得额）	2		
适用税率	3		
应纳所得税额	4		
期初未缴所得税额	5		
减免所得税额	6		
查补以前年度税额	7		
实际已缴纳所得税额	8		
本期申报延交所得税额	9		
实际应补（退）所得税额	10		
应交城服费额	11		
企业公章 企业申报日期：　　年　月　日 办税人员姓名：	主管税务机关： 税务所： 受理申报日期：　　年　月　日 审核人： 录入人：		

图8-17

纳税人计算应纳税所得额时，若财务会计处理与税收规定出现不一

Chapter 01 Chapter 02 Chapter 03 Chapter 04 Chapter 05 Chapter 06 Chapter 07 Chapter 08

致，则应按税法规定进行调整，包括对收入确定的原则及具体金额的调整、各项成本费用扣除范围和标准等的调整，这就形成了企业所得税调整项目，在申报纳税时还会填写《企业所得税纳税调整项目表》。

该表中包括三大部分，纳税调整增加额（超过规定标准项目和不允许扣除项目，如超额职工福利费、资本性支出等）、应税收益项目（少计、未计应税收益和收回坏账损失等）及纳税调整减少额（联营企业分回利润、境外收益等）。实际企业所得税额是加上调整增加额和减去调整减少额后的余额。

而对于其他税种，纳税人在进入相应纳税申报系统或网上纳税申报系统后，部分税种会一起出现在同一张表格中，办税人员只要真实准确地填写表中相应内容即可，如图8-18所示为城市维护建设税、印花税、教育费附加和地方教育附加等纳税申报表。

☐全选	征收项目	征收品目	征收子目	税（费）款所属期起	税（费）款所属期止
☑	城市维护建设税	市区（增值税附征）		2017-01-01	2017-01-31
☑	印花税	购销合同		2017-01-31	2017-01-31
☑	印花税	加工承揽合同		2017-01-31	2017-01-31
☑	印花税	建筑安装工程承包合同		2017-01-31	2017-01-31
☑	印花税	货物运输合同(按运输费用万分		2017-01-31	2017-01-31
☑	印花税	借款合同		2017-01-31	2017-01-31
☑	印花税	技术合同		2017-01-31	2017-01-31
☑	印花税	资金账簿		2017-01-31	2017-01-31
☑	印花税	其他营业账簿		2017-01-31	2017-01-31
☑	教育费附加	增值税教育费附加		2017-01-01	2017-01-31
☑	地方教育附加	增值税地方教育附加		2017-01-01	2017-01-31
合计	——	——	——	——	——

图8-18

Chapter
09

接受税务检查工作

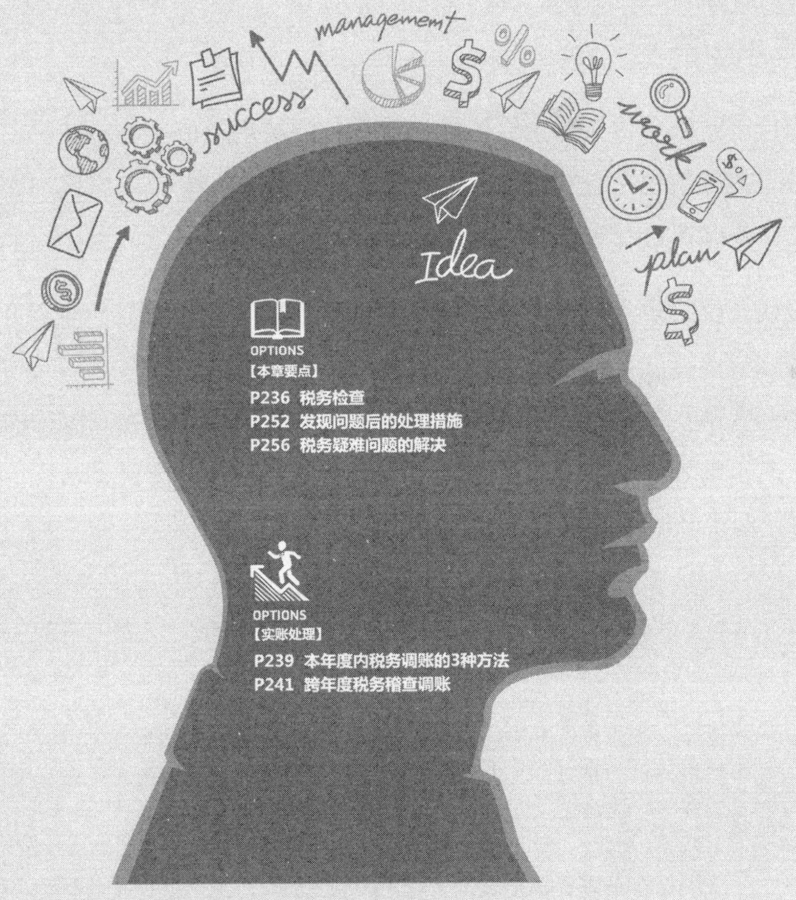

OPTIONS
【本章要点】

OPTIONS
【实账处理】

税务检查

税务检查是税收征收管理的重要内容，也是税务监督的重要组成部分。搞好税务检查，对于加强依法治税、保证国家财政收入有着十分重要的意义。因此，企业需要积极配合税务机关的税务检查工作。

税务检查与稽查

税务检查是税务机关以国家税收法律、行政法规为依据，对纳税人、扣缴义务人履行纳税义务和扣缴义务的情况进行检查和处理的总称；而税务稽查是税务检查的一种，指税务稽查机构的专业检查。

各级税务机关设立的税务稽查机构要按照各自的管辖范围行使稽查职能，并建立税务违法案件举报中心，受理公民举报税务违法案件。而稽查机构对企业实施税务稽查工作时，范围包括税务法律、法规和制度等的贯彻执行情况，纳税人生产经营活动及税务活动的合法性，偷税、逃税、抗税、骗税、漏税及滞纳情况等。税务稽查流程如表9-1所示。

表 9-1

步骤	名称	内容
1	选案	人工选择案件登记并处理，主要是抽样选案；通过计算机选择案件，依靠企业常用财务指标分析和流转税类选案分析等依据选案；通过其他税务机关转办、交办完成；通过举报选案，这是税务机关发现案源最多的一种途径
2	实施稽查	了解被查对象，确定稽查办法，向被查对象发出书面通知（因举报实施的稽查不需要事先发出通知），说明被查对象需要准备的材料。稽查时，税务稽查人员与被查对象有近亲属关系、利害关系或其他可能影响公正执法的关系的，要主动回避。稽查人员两人以上，通过询问、调取账簿或实地稽查等手段实施稽查

续表

步骤	名称	内容
3	审理	实施稽查工作完毕后，由专门的组织或人员核准案件实施、审查鉴别证据、分析认定案件性质，制作《审理报告》和《税务处理决定书》或《税务稽查结论》。审理过程中主要判断违法事实是否清楚、证据是否确凿、数据是否准确、资料是否齐全、适用的税收法律、法规和规章是否合法、是否符合法定程序以及拟定的处理意见是否得当
4	执行	审理终结后的处理有同意《税务稽查报告》、补正《税务稽查报告》、不同意《税务稽查报告》和构成犯罪案件的处理——移送。而作为企业，要自动履行国家税务机关所规定的义务——补报缴纳。逾期不履行的，税务机关将采取强制执行措施

税务稽查又分为审计式稽查和调研式稽查。审计式税务稽查指税务稽查部门借鉴审计部门工作方式，强调稽查的辅导性和服务性，降低举证风险，规避廉政风险，适用于重点税源企业、重大建设项目和具有一定内部控制、财务健全及管理规范的大中型企业。

例如，某企业被举报少交税，检查人员去企业后却无账可查。该企业是一家负责用能造价审核的中介机构。那么，该企业的收入怎么查出来呢？由于工业企业的固定投资工程项目必须实行合理用能审核制度，否则难以办理立项审批手续。

该企业日常经营范围就是根据这方面的中级资质为委托单位的相应项目出具可行性报告和用能审核评审报告，而出具的项目可行性研究报告需要通过发改委的审核批准。所以，检查人员会到发改委调资料，与资料记载该企业提供劳务的对方单位进行协查，发现对方单位接收的全是该企业开出的假发票。因此，税务处理决定按发票规定进行处罚，核定收益，征收企业所得税。企业要注意，税务稽查与税务检查有本质区别。

◆ **执法主体不同**：按照《税收征管法实施细则》的规定，税务稽查的主体是省以下税务局的稽查局。而《税收征管法》规定税务检查的执行主体可以是稽查局，也可以是税务机关。

- **执法对象不同**：《税收征管法实施细则》规定，稽查局专司偷税、逃避、追缴欠税、骗税和抗税案件的查处；税务检查的对象主要是在税收征管活动中有特定义务或需要、在某一环节出现问题的纳税人、扣缴义务人，既有检查性质，又有调查和审查性质，以便及时发现和防止重大、特大案件的发生。
- **执法案源不同**：税务稽查的案件来源主要是计算机选案、公民举报、有关部门转办、上级交办和情报交换确定的案件；税务检查的案件来源主要有税收征管各环节中对纳税人情况的审查，如对停歇业纳税人进行的调查核实。
- **执法程序不同**：税务稽查专业性强，要求高，国家税务总局制定了《税务稽查工作规程》规范税务稽查的程序，即必须按选案、检查、审理和执行4个环节进行。税务检查则可根据税收征管的实际需要，随时检查，方式灵活多样，程序较简单，不一定按照这4个环节进行，只要是合法、有效的税收执法就行。
- **执法权限不同**：稽查局对纳税人未按规定办理税务登记、设置账簿及安装税控装置等其他违法行为没有处罚权，只能由赋予处罚权限的税务局、税务分局和税务所进行处罚。

在税务检查过程中，企业需要提供记账凭证、账簿、会计报表、代扣代缴和代收代缴税款账簿等相关资料，配合税务检查人员的工作。

提示：查税从查票开始

企业税务源于各种经济业务发生后开具的发票或收据，因此税务机关在对企业进行税务检查时，首先会检查各种票据的真实性，包括票据本身的真伪和票据记载经济业务的真伪。而对发票所反映业务是否真实的判定中，检查人员通过查阅相关合同、协议，查找资金流向和货物流向，相应地到被查企业的对方单位进行核实。企业容易发生的与票据有关的违法行为有真票假业务、假票假业务和假票真业务3种。

税务稽查调账方法

税务稽查调账指纳税人在被依法税务稽查后，根据《税务处理决定书》或《税务行政处罚决定书》，对存在问题的错漏账项进行更正和调整，这是查账工作的继续。

税务稽查的调账分两种情形，一是本年度内税务稽查调账，二是跨年度的税务稽查调账。两种情形下的调账方法有所不同，具体情况如下。

（1）本年度内税务稽查调账方法

当税务机关检查的纳税期是本会计年度且纳税人尚未编制财务会计报表时，可采取红字更正法或补充登记法等，直接调整被查年度的税务。

【实账处理】——本年度内税务调账的3种方法

方法一：红字更正法（红字调整法）。先用红字编制一套与错账完全相同的记账凭证予以冲销，然后用蓝字编制一套正确的会计分录。该方法适用于会计科目用错或会计科目未用错但实际记账金额大于应记金额的错误账款。

例如，某商场销售高档烟一批，价款35100元（含税），收妥货款存入银行，该批高档烟的成本为15000元，企业原本做了如下账务处理。

借：银行存款　　35100

　　贷：产成品　　15000

　　　　应收账款　　20100

该账务处理把两个不存在对应关系的账户硬绑在一起，偷逃增值税、消费税等，同时减少企业利润，偷逃企业所得税。税务检查人员查出以后，企业按照税收法规和财务制度将对外销售取得的收入按正常销售业务处理。其中，用红字冲销法调账如下。

1．用红字冲销原账错误分录。

借：银行存款　　35100（红字）

　　贷：产成品　　15000（红字）

　　　　应收账款　　20100（红字）

2．用蓝字编制一套正确的会计分录。

不含税收入＝35100/（1＋17%）＝30000（元）

借：银行存款　　35100

　　贷：销售收入　　30000

　　　　应交税费——应交增值税（销项）　　5100

应交消费税＝30000×56%＝16800（元）

借：税金及附加　　16800

　　贷：应交税费——应交消费税　　16800

借：销售成本　　15000

　　贷：产成品　　15000

方法二：补充调整法。应调整的账目属于遗漏经济事项或实际记账金额小于应记金额，按会计核算程序用蓝字编制一套补充会计分录。

例如，某商店（小规模纳税人）销售商品一批，货款15450元（含税），购货方尚未支付货款，经税务人员检查发现，商品已经发出，但商店未做销售处理，所以需要采用补充调整法调账。

不含税收入＝15450/（1＋3%）＝15000（元）

借：应收账款　　15450

　　贷：销售收入　　15000

　　　　应交税费——应交增值税（销项）　　450

方法三：综合调整法。是补充调整法和红字调整法的综合运用，用蓝字补充登记应记未记或虽记但少记科目，同时用蓝字反方向冲记不应记却已记的会计科目。采取综合调整方法要求企业财会人员具有较高的业务素质，能够将会计科目之间的联系搞得清清楚楚，否则就会出错。有这样几句口诀：“方向记反的，反方向再记；金额多记的，反方向冲记；金额少记的，正方向增记；不该记而记的，反方向减记；应记未记的，正方向补记。”

例如，某企业生产车间工人的应付福利费5000元计入“管理费用”科目，账务处理如下。

借：管理费用　　5000

　　贷：应付福利费　　5000

上述账务处理错用了“管理费用”科目，根据财务会计制度规定，生产车间工人的应付福利费应计入“制造费用”科目。运用综合调整法时，一方面借记“管理费用”科目，同时反向登记“管理费用”予以冲销。

借：制造费用　　5000

　　贷：管理费用　　5000

（2）跨年度的税务稽查调账方法

如果税务稽查是在企业年度会计报表编制以后进行的，即税务稽查查出的是上年或以前年度的错误账务处理问题，那么纳税人就必须通过“以前年度损益调整”的账户，选择综合调整法进行调账。因为在这种情况下，上年度财务决算已经编报，会计账户尤其是成本费用账户已经结平，没有余额，纳税人不可能追到各接受报表的单位收回报表进行更改（在制度上也是不允许的），纳税人就不可能再通过更改原有错误账户进行调账，只有通过“以前年度损益调整”科目进行调账。相应地，在调账方法上也只能选择综合调整法进行账务调整。

【实账处理】——跨年度税务稽查调账

税务机关在对某纳税人2016年度的纳税情况进行纳税检查时，

发现该企业上年将基建工程领用的原材料40000元计入生产成本（增值税进项税额已经转出）。根据财务会计制度的规定，基建工程领用的原材料应计入“在建工程”，该企业将其列入生产成本，等于虚增了成本，减少了当年利润，应调增在建工程成本，调增上年利润，补交企业所得税。

1．调整上年利润。

借：在建工程　　40000

　　贷：以前年度损益调整　　40000

2．补缴企业所得税＝40000×25%＝10000（元）

借：所得税费用　　10000

　　贷：应交税费——应交企业所得税　　10000

3．年末结转本年利润。

借：以前年度损益调整　　40000

　　贷：本年利润　　40000

要说明的是，跨年度调账方法只限于跨年度损益事项，即直接影响当年利润的事项，对于跨年度的非损益事项，如应收款、应付款等往来事项，仍可按本年度内的调账方法进行账务调整。

此外，某些时候纳税人可能需补交税款，却无须进行账务调整。这主要是纳税人对永久性差异进行纳税调整时处理有误而引发的查补税款。在这种情况下，纳税人只需进行补提税款和缴纳税款的账务处理即可。

“营改增”后，税务相关科目各反映什么

“营改增”后，企业相关税务工作有了变化，具体到实际工作内容中时，税务相关科目所反映的情况也就有了变化。

“应交增值税”明细科目的借方发生额，反映企业应税行为的进项税额、实际已交纳的增值税税额和月终转出的当月应交未交的增值税税额；贷方发生额，反映企业销售应税行为收取的销项税额、出口企业收到的出口退税以及进项税额转出数和转出多交增值税；期末借方余额反映企业尚未抵扣的增值税。

为了详细核算企业应交纳增值税的解缴和抵扣等情况，企业应在“应交增值税”明细科目下设置“进项税额”、“已交税费”、“减免税款”、“出口抵减内销产品应纳税额”、“转出未交增值税”、“销项税额”、“营改增抵减的销项税额”、“出口退税”、“进项税额转出”和“转出多交增值税”等专栏，分别记录的内容如表9-2所示。

表 9-2

专栏名称	内容
进项税额	记录企业购入货物或接受应税劳务而支付的、按规定准予从销项税额中抵扣的增值税税额，用蓝字登记；记录退回所购货物应冲销的进项税额，用红字登记
已交税费	记录企业本月已交纳的增值税额，用蓝字登记；记录退回本月多交的增值税税额，用红字登记
减免税款	记录企业按规定享受直接减免的增值税款或按规定抵减的增值税应纳税额
出口抵减内销产品应纳税额	记录企业按规定的退税率计算的零税率应税服务的当期免抵税额
转出未交增值税	记录企业月终转出应交未交的增值税，用蓝字登记
销项税额	记录企业销售货物或提供应税行为应收取的增值税税额，用蓝字登记；记录退回销售货物应冲销的销项税额，用红字登记
营改增抵减的销项税额	核算一般纳税人提供应税服务，试点期间按照营业税改征增值税有关规定允许从销售额中扣除其支付给非试点纳税人价款，按规定扣减销售额而减少的销项税额
出口退税	记录企业零税率应税服务按规定计算的当期免抵退税额或按规定直接计算的应收出口退税额；零税率应税服务办理退税后发生服务终止而补交已退的税款，用红字登记

续表

专栏	内容
进项税额转出	记录企业的购进货物、在产品、产成品等发生非正常损失以及其他原因而不应从销项税额中抵扣，需按规定转出的进项税额
转出多交增值税	记录企业月终转出本月多交的增值税，用蓝字登记

其中，“转出未交增值税”和“转出多交增值税”专栏都与“未交增值税”有关。而“未交增值税”明细科目的借方发生额，反映企业月终转入的多交的增值税；贷方发生额，反映企业月终转入的当月发生的应交未交增值税；期末借方余额反映多交的增值税，贷方余额反映未交的增值税。月末结账时的税务处理如下。

若“应交税费——应交增值税”为贷方余额，则反映应交而未交的增值税，此时要将其转入“转出未交增值税”科目的贷方。

借：应交税费——未交增值税

贷：应交税费——转出未交增值税

若“应交税费——应交增值税”为借方余额，则反映多交的增值税，此时要将其转入“转出多交增值税”科目的借方。

借：应交税费——转出多交增值税

贷：应交税费——多交增值税

企业制定自查方案

税务自查是税务机关通知企业进行自己检查，而后回报税务机关的建议检查方式，弱于税务检查，更弱于税务稽查。而对于企业来说，税务自查也可以是自身主动地在税务机关前来检查之前进行自我检查，以避免不必要的税务处罚和税务负担。如图9-1所示的是企业进行税务自查时要做的3个方面的工作。

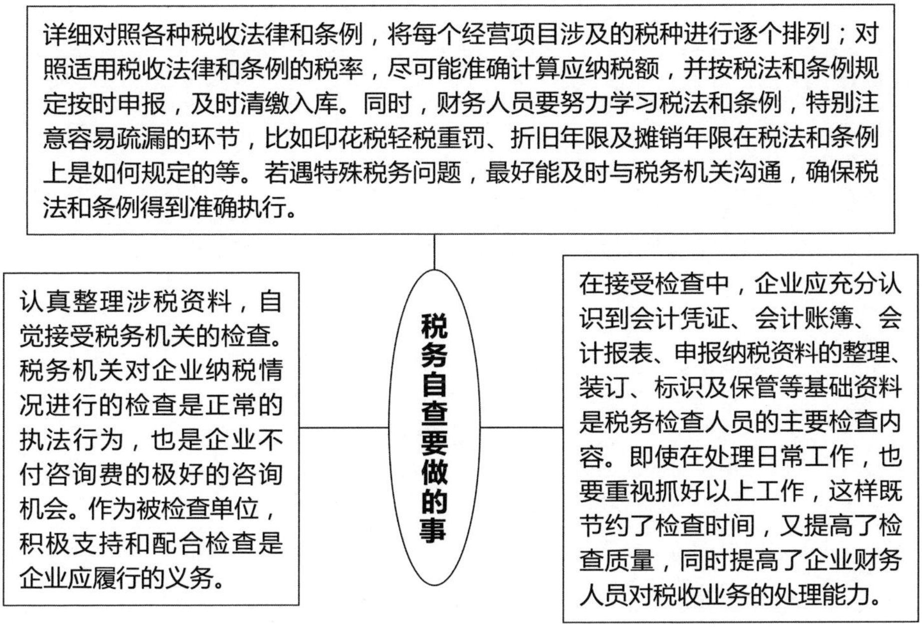

图9-1

企业实施税务自查工作时具体的自查自纠内容如表9-3所示。

表 9-3

自查项目	内容
主营业务收入	对“主营业务收入”等收入类明细账与增值税纳税申报表及有关发票、收款单据和工程决算书等原始凭证进行详细核对，检查已实现的工程结算收入是否及时足额纳税
往来账户	详细检查有没有将已完工工程的收入挂在“预收账款”或“应收账款”等账上，而不结转“主营业务收入”，甚至低报工程进度或漏报工程项目
纳税义务时间	结合税法对纳税义务发生时间的规定，检查有没有推迟确认纳税义务，自查时应将“主营业务收入”、“应付账款”和“预收账款”等明细账与建筑安装工程合同对照审核，看看有没有不按工程合同规定的价款结算办法确认收入实现时间而延迟缴纳税款的问题
包工不包料建筑工程	检查有没有只按人工费、管理费收入作为工程价款，而将所耗材料价款剔除在外的情况。其中，自查要重点核对“主营业务收入”账户

续表

自查项目	内容
提供劳务换取货物	若是企业发生了以提供劳务换取货物的业务，应审查有没有不通过正常的“主营业务收入”申报纳税的现象
价外费用	若企业有收取价外费用，可通过核对结算单据和有关账户进行自查，看是否存在将收取的价外费用直接冲减了“财务费用”账而不计入营业收入的问题。若存在，则及时纠正过来
其他业务收入	包括劳务收入、机械作业收入、材料转让收入、无形资产转让收入、固定资产出租收入和多种经营收入等。自查时应注意，企业有没有因错划征税范围而导致计税依据和税率运用错误的问题，其次企业有没有以收入直接冲减成本费用的问题，最后企业有没有取得收入不申报纳税问题，如取得其他业务收入时只按“工程结算收入”申报缴纳税款，而对“其他业务收入”不履行纳税义务
印花税	签订的不动产转移书据、租赁合同、购销合同、建筑安装合同及视同合同的有关票据、账簿资金等是否按规定申报缴纳印花税

了解了上述税务自查工作的内容后，下面来看一个具体的自查方案。

××有限责任公司税务自查方案

按照国家税务总局《××函》的规定和《××通知》的要求，为配合税务机关正常开展税务检查工作，进一步加强公司纳税管理，降低公司纳税管理风险，结合我司实际情况，特制定本自查方案。

一、成立专项工作组

此次是公司成立以来经历的第二次全面而系统的税务自查，关系到公司整体形象，更是对公司依法经营、诚信纳税的再检验。现经公司专项工作会议决定，成立由总经理亲自带头的专项工作组负责此次自查工作，工作组设常务办公室，由财务部负责此次自查工作的组织、联系、分工、汇总上报及整改工作，工作组成员如下：

领导小组：×× 组 长：×× 副 组 长：××

成 员：××、××、××、××、××、……

工作小组：×× 组 长：××

成　　员：××、……（常务联系人姓名和电话）

二、工作要求

公司各部门要充分认识到此次自查工作的重要性，切实加强组织领导，相关部门要密切配合，确保此项工作取得实效。

三、自查依据及自查范围

各部门负责人员应严格按照自查提纲要求全面开展各项税收自查工作，自查范围为2015～2016两个纳税年度内公司涉及的增值税、消费税、企业所得税、个人所得税、印花税、城建税和土地使用税等全部税种。

四、自查工作流程及时间进度安排

第一阶段，2016年12月1日～3日，工作计划制定阶段

……（制定详尽可行的自查工作计划）

第二阶段，2016年12月5日～7日，内部分工及学习阶段

……（相关人员学习自查文件要求并进行分工）

第三阶段，2016年12月8日～20日，纳税事项自查

……（以发现问题为目标，多翻多查）

第四阶段，2016年12月20日～26日，纳税事项复查

……（工作组内抽选专人对第一轮自查工作的结果进行复查）

第五阶段，2016年12月26日～29日，疑难问题讨论阶段

……（邀请税务专家对疑难问题进行商讨，确定最终自查结果）

第六阶段，2016年12月29日～2017年1月2日，结果上报阶段

……（自查结果汇总，生成符合要求的文件并逐级上报）

五、税收自查的内容和重点

……（该部分内容为企业各税种的自查重点，根据实际情况制定这部分内容，这里就不再一一列举）

××有限责任公司

2016年12月2日

明确各税种的自查重点

企业日常税务工作繁杂，在处理的过程中难免会出错，税务自查可以及时发现错误，从而降低税务惩罚的风险。而自查工作中的关键就是要明确各税种的自查重点。

（1）增值税

增值税自查内容有销项税额和进项税额，自查重点为：应税销售收入的计算是否真实完整、是否按规定开具增值税专用发票；将企业自产产品用于非应税项目或集体福利等，是否按税法规定视同销售收入处理并计算销售收入。

此外，原材料和固定资产等购进业务进项税，取得的增值税专用发票认证、入账和申报抵扣时限是否符合规定；专用发票项目填写是否完整齐全；各项业务是否按照规定进行会计核算，是否存在多抵扣进项税现象；在建工程领用原材料及用于非应税项目、非正常损失的货物是否按规定做进项税额转出，是否存在多抵扣税额的情况。

（2）企业所得税

企业所得税自查内容有应税收入、成本费用和汇算清缴，自查重点为：产品销售收入、租赁收入、固定资产清理收入、投资收益及企业股权投资转让收益等是否按规定正确进行会计核算并如实计入应税收入。

此外，与关联企业之间的交易是否按规定收取或支付价款和费用；执行国家优惠政策的项目是否存在不按规定执行的情况；成本核算是否真实完整，是否存在多转生产成本或多提成本费用等现象；是否存在未按公司规定、未经公司审批超标准列支的成本费用；年度汇算清缴工作中，是否存在未按规定进行资产损失专项申报而擅自税前扣除的情况。

（3）房产税

房产税自查重点为：计入房产税征收范围的房屋和建筑物等是否按规定计算缴纳房产税；改变土地使用权用途且用于收取租金或资本增值的，是否按投资性房地产规定缴纳房产税。

若是房地产企业开发的商品房，在出售前已使用或出租、出借的，是否按规定申报缴纳房产税等。

（4）个人所得税

个人所得税自查重点为：企业和职工超过规定比例和标准缴付的基本养老保险费、基本医疗保险费、失业保险费和住房公积金等，是否将超过部分并入职工个人当期工资薪金收入且计算扣缴个人所得税；企业与职工因解除劳动关系而支付给职工的一次性补偿费，除符合免征个人所得税的项目外，是否按规定计算扣缴个人所得税；以实物、现金等形式发放给职工的补贴、补助等，是否按规定并入工资薪金所得而扣缴个人所得税。

（5）其他税种

土地增值税、车船税、城建税、教育费附加、印花税、契税、资源税和土地使用税等其他各项税费，是否按国家相关法律法规规定进行正确计算及缴纳申报。

（6）特殊涉税业务

特殊涉税业务的自查内容有债务重组、投资业务和股权转让，重点为：关联企业的债务重组、非关联企业的债务重组、债权人、债务人确认债务重组收益或损益是否符合税法规定，是否按规定申报纳税；投资成本和收益的确认是否符合税法规定；免税投资收益与应税投资收益是否按规定正确划分；投资转让所得与处置成本的确认、股权投资转让损失的扣除是否符合规定等。

企业税务自查报告

企业完成税务自查工作后，要对自查结果进行总结，写成符合要求的报告逐级上报。企业税务自查报告大致有如图9-2所示的几大结构。

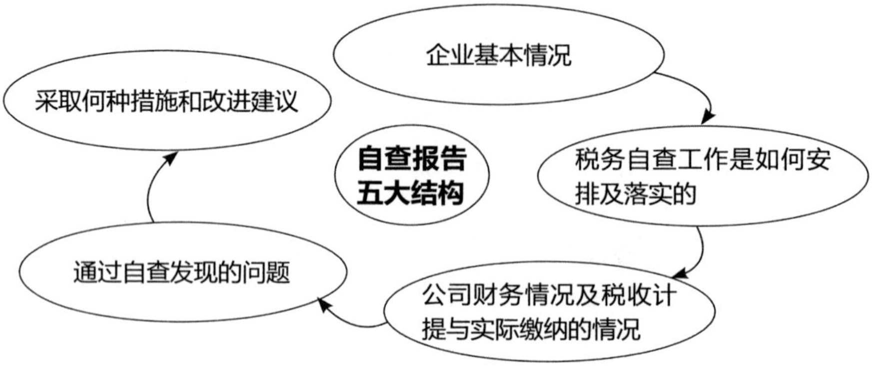

图9-2

不同企业可根据上图所示的五大结构进行税务自查报告的编写，内容以自身公司实际情况为准。下面以某企业的税务自查报告为例，大致展示报告中的内容。

××公司税务自查报告

根据××地税直查×× 号文件要求，我司高度重视××省地税局直属分局对企业所得税的此次稽查，成立专门的自查工作小组，组织相关财务人员学习，采取了自查与聘请税务师事务所税务专业人员协助的方式，于2016年12月15日～22日针对企业涉及的所有税种进行了自查。目前，自查工作已基本完成，现将自查结果汇报如下。

一、企业基本情况

公司名称：××市××有限公司　　成立时间：2011年9月

经营地址：××市××街××号　　法定发表人：××

注册资本：××万元　　公司类型：有限责任公司

经营范围：农副产品购销、煤矿投资，属增值税一般纳税人

税务登记证号：××

二、本次自查的时间、范围和设计的税种

我司本次自查主要为2015～2016年度的所有税种的税费缴纳情况。

三、自查工作的原则

1．高度重视，认真负责，严格按国家财经税收相关法规对我司2015～2016年经营过程中涉及的各类税种进行彻底清查，做到不疏忽、不遗漏。

2．把握契机，认真做好自查自纠工作，提前化解税务风险。我司结合自身实际情况，进行认真全面的自查，彻底清理违法及不规范涉税事项，并以此为契机，加强我司税务基础管理工作，同时改善我司税务管理工作的盲点、弱点，提高我司税务工作管理水平。

四、自查结果

经过一周的自查工作，我司2015～2016年税务工作基本遵守国家相关税收及会计法律法规，依法申报缴纳各项税费。但工作中难免存在疏漏，问题主要反映在未按照权责发生制原则按年分摊所属费用、购买无形资产直接费用化及无须支付的应付账款项未计入应纳税所得额等。

通过此次自查，我司2015～2016年应补缴企业所得税13040.75元，2015年应补缴企业所得税4338.75元，2016年应补缴企业所得税8702元，具体情况如下。

1．2015年度，我司税务自查问题主要反映在没有按照权责发生制原则按年分摊所属费用上，申报企业所得税时少调增应纳税所得额17355元，应补缴企业所得税额4338.75元，具体调增事项明细如下。

……

2．2016年度，我司税务自查问题主要反映在购买无形资产直接费用化和无须支付的应付账款未计入应纳税所得额上，申报企业所得税时合计少调增应纳税所得额34808元，应补缴企业所得税额8702元，具体调增事项明细如下。

……

五、改进措施

由于2015年度的税务问题涉及损益事项，因此不仅要补缴税款，还要做相应的账务调整；而2016年度的税务问题不涉及损益事项，所以只需补缴税款即可，无须做账务调整。

以上是我司2015～2016年度自查情况，现上报贵局，在今后的工作中，我们一定严格按照《会计法》和《税收征管法》的规定办事，建立健全会计制度，完善财务体系，争做纳税先进单位。

发现问题后的处理措施

当企业自查工作完成并递交自查报告后，就需要及时对发现的问题做出相应处理，否则可能面临严重的税务风险和处罚。下面来认识具体的处理措施。

漏缴、少缴税款如何处理

企业漏缴或少缴税款是很正常的事，若税务局检查后涉及补税的，应当设置“应交税费——增值税检查调整”科目；若是增值税检查中涉及补退税金的，在税务开出的“增值税检查调整通知书”中逐笔进行调整，作为企业调整账户的依据。

【情况一，补缴当年增值税及滞纳金罚款】

在补缴当年增值税或滞纳金罚款时，要做如下税务处理。

借：相关科目（根据补税原因而定）

贷：应交税费——增值税检查调整

借：应交税费——增值税检查调整

贷：应交税费——未交增值税

借：应交税费——未交增值税

营业外支出（滞纳金、罚款）

贷：银行存款

在上述会计分录中，相关科目根据实际情况而定。例如，应做销售而未做，导致少记销项税额的调整分录如下。

借：应收账款/库存现金等

贷：主营业务收入

应交税费——增值税检查调整

又如，将购买的货物用于集体福利、个人消费和非应税项目而多抵扣进项税额的调整分录如下。

借：应付职工薪酬/在建工程/固定资产等

贷：应交税费——增值税检查调整

或者，因取得假发票，虚开、代开发票及其他不符合规定发票转出进项税额的调整分录如下。

借：原材料/库存商品等

贷：应交税费——增值税检查调整

【情况二，补缴去年或以前年度的增值税】

例如，小微企业税务自查出上年有一笔收入未入账，需补缴增值税。

借：应收账款/库存现金等

贷：以前年度损益调整

应交税费——未交增值税

【情况三，补缴企业所得税】

例如，有不正规费用在汇算清缴时未做调整，需补缴企业所得税，和增值税无关。最后根据如下分录调整资产负债表年初数和利润表上年数。

借：以前年度损益调整/所得税费用

　　贷：应交税费——应交企业所得税

借：应交税费——应交企业所得税

　　营业外支出（滞纳金、罚款）

　　贷：银行存款

借：利润分配——未分配利润

　　贷：以前年度损益调整

发现不合规发票怎么做

企业经营过程中，往往存在发票问题，比如未取得发票、发票抬头不全和虚假发票（假票、真票但流向不符）等。企业自查出发票问题后该如何处理呢？关键是要针对不同情况区别对待。其中，企业未取得发票、取得抬头不全的发票和取得与实际内容不符的发票等都属于取得不合规发票，自查时查出这样的发票有如下一些处理方式。

（1）当年未取得发票，但以后年度取得了发票

汇算清缴前取得发票，即企业发生的支出在当年度没有取得发票，但在次年5月31日前取得。在这种情形下，企业预缴季度所得税时，可暂时按账面发生金额进行核算，但在汇算清缴时应补充提供相应的有效凭证，所以可以在支出当年进行税前扣除。

汇算清缴后取得发票，即企业发生的支出在当年及次年5月31日前都没有取得发票。此时涉及的税费不允许在税前扣除，根据权责发生制原则，

无论款项是否已经收付，当期发生的当期确认，反之当期不确认。因此，应在支出发生所属年度内进行扣除。有时企业可申请追补，但追补确认期限不得超过5年。

（2）发票丢失的处理

首先要求开票方重新开具，若开票方不能重新开具，则在支出确实发生的前提下，要求开票方提供证明。这样，在税务处理方面就可允许企业税前扣除。

比如，有些地方规定，对于企业丢失已填开且有明确付款单位名称的普通发票（发票联），在发票开具方无法重复开具发票的情况下，企业应于发现丢失的5个工作日内书面报告其主管税务机关，并登报声明作废。向开具发票方索取曾在×年×月×日开具×发票的证明，注明丢失的发票单位名称、购货或服务的单位数量、单价、规格、大小写金额、发票字轨、编码和号码等，或要求开具发票方提供所丢失发票的存根联或记账联复印件，经主管税务机关审核后作为记账凭证入账。

（3）发票换开

若企业取得发票不合规，且已在税前扣除，可根据实际需要或条件进行发票换开，替换原有不合规发票，不再做纳税调整。

税务管理的优化对策

很多企业的税务管理存在问题，如税务制度有漏洞、管理松懈、操作不正规及资产处理随意等。造成这些问题的因素有很多，如管理者对税务的认识不够充分、企业产权混乱、各负责人职责没有落实、相关人员缺乏执行力及税务工作者专业素养不够等。从税务管理存在的这些问题和引发这些问题的因素出发，企业需要制定一些税务管理的优化对策。

◆ **明确税务管理责任**：企业要把税务管理作为一项重要工作，有必要纳入工作目标，设立专门的管理部门，制定相应的责任制度并明确责任人，及时掌握资金使用动态，可试着集中授权管理。

◆ **完善税务管理制度**：如定期检查制度、资产移交管理制度、细化和量化规定等，整合税务管理评价指标，定期考核，条件允许的情况下可将税务管理水平纳入领导干部绩效考核。另外，根据需要对部门采购进行预算控制，编制采购计划，列出具体名称，相关人员必须按规定程序上报有关部门，获得批准后定期盘点。

◆ **重视税务监督**：企业组织建立税务监督小组甚至部门，加强对税务管理工作的监督力度，及时发现违法问题并依法做出处理。

◆ **注重日常税务管理工作**：对现金收支进行合理安排，定期编制现金预算，保证税收和债务现金的持有。通过提高应收账款的核算和管理等能力，科学分析出应收账款转变成坏账的概率，减少坏账对税务影响，同时还能发现税务结算工作中的问题。

税务疑难问题的解决

税务问题令很多企业和税务工作人员感到头疼，其处理过程繁杂，包含的内容多而难，税务“疑难杂症”成为税务工作中急需解决的问题，本节就将认识部分税务疑难问题，并了解相应的解决办法。

用指标分析查找工资薪金类个人所得税扣缴问题

对于税务检查人员来说，工资、薪金个人所得税代扣代缴问题的检查涉及的工作量很大，常规的检查方法是查阅每个被查年度与工资、薪金发放有关的明细账、凭证，逐笔核对并计算每名员工工资、薪金应发数、税前扣除数和应代扣代缴个税数等。

实际上，工资、薪金个人所得税代扣代缴问题的检查在一定条件下有规律可循，然后通过指标分析法（个人所得税税负率、个人所得税税负变动率）查税。如表9-4所示的是相关条件。

表 9-4

编号	条件
1	被查年度及临近 1 ～ 2 个年度内员工人均工资、不同薪资水平人数比例等基本不变或变化较小
2	被查单位发放工资、薪金通过一个科目进行核算，或虽然不止一个科目，但核算清楚，可清晰地对所有发放的工资、薪金进行归集
3	被查年度社保等允许税前扣除的计算方法及数额未变化或变化较小

指标分析法中，年个人所得税税负率用K表示，K＝被查单位年度代扣代缴工资、薪金科目当期个人所得税额/当年被查单位“应付职工薪酬——工资”借方实际累计发生额（检查中若发现在别的科目中有发放工资、薪金，则应合并计入）；个人所得税税负变动率用R表示，$R=|K_2-K_1|/K_1$，K_1为某一被查年度K值，K_2为另一年度K值。

如果符合上述条件的单位的几个被查年度K值均不相等，则应关注其可能存在的工资、薪金个税扣缴问题，检查人员此时就可采取进一步检查方法。

如果表现为以不同年度K值为参照计算出的R值超过20%，则说明被查单位K值较小的被查年度可能存在明显，甚至较大的工资薪金个税扣缴问题，从而能帮助检查人员快速发现税务问题。为什么会有这样的结论呢？如图9-3所示的是企业在满足一定条件下得出结论的分析过程。

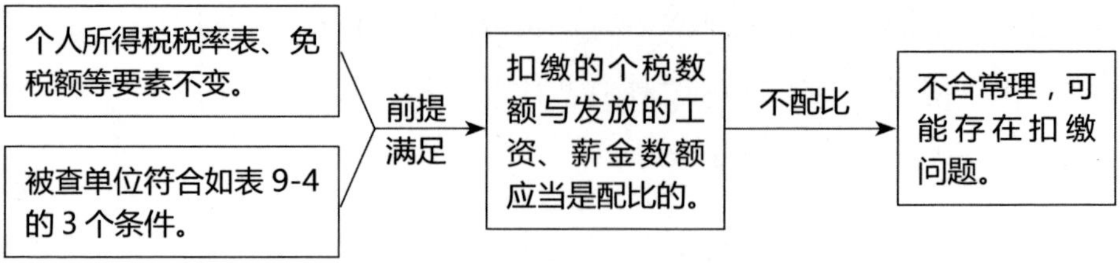

图9-3

例如，某企业组织税务自查小组进行检查，调取了企业账目，取得了有关数据参数：2015年被查单位“应付工资”借方累计数1600万元，已扣缴归属期为2015年的工资薪金个税173.5万元；2016年被查单位“应付工资”借方累计数1650万元，已扣缴归属期为2016年的工资薪金个税132.5万元。公司这两年员工人数几乎无变化，“五险一金”按社保局规定扣缴，所有发放的员工工资、薪金均在“应付工资”中进行核算。通过指标分析法得出两个年度的K值和R值如下。

$K_{2015}=173.5/1600=0.108$，$K_{2016}=132.5/1650=0.08$，$K_{2015}\neq K_{2016}$

$R=|0.08-0.108|/0.108=25.93\%$，$R>20\%$

该公司2016年K值急剧减小，很可能存在工资薪金扣缴问题。根据该推断，检查人员抽查了月工资发放及个税扣缴表，未发现计税方法问题。又查阅了2016年应付工资明细账，核对每笔工资薪金发放数额是否合并计税，结果发现公司2016年9月发放的“职工福利费”并未合并到当月工资中计算扣缴个人所得税。

燃油费和办公用品等背后隐藏的税务秘密

从目前的市场情况来看，应该有不少企业通过“燃油费”和“办公用品”两大支出少缴个人所得税，实现逃税目的。下面通过一个案例来了解其中隐藏的税务秘密。

某税务检查组对某企业分支机构的纳税情况进行了检查，该企业员工长期以来获得高收入、高福利的情况，使检查人员决定将检查重点放在该企业个人所得税扣缴义务的履行上。

检查人员调取了该企业的电子账目、个人所得税扣缴计算表和相关资料、凭证，并计算出两个年度个人所得税税负均在18%左右，税负较高且较均衡，这与该企业员工收入较高及两个被查年度内员工收入几乎无变化相符，未发现疑点。然后又逐月抽查了部分员工个税扣缴情况，核对每月扣缴个税额与实际入库数，均未发现问题。以上结果说明，该企业个人所得税的扣缴应该没有问题。

但直觉和经验让检查人员依然怀疑该企业的个税扣缴问题，于是将检查重点定为“直接在成本/费用中列支而发放给员工的现金或实物福利”。果然，在对管理费用明细账进行检查时，两个二级科目“燃油费”、“办公用品”引起了检查人员的注意。

这两项年度借方发生额均接近百万元，而该企业固定资产明细表中记载的机动车辆并不多，且都为公务用车（轿车），将燃油费平均到每台车上，意味着每年耗油近10万元左右，折算成行驶里程，最保守的情况下一台车每天要跑200多公里，显然存在问题。于是检查人员进一步检查入账燃油费票据，发现报销的加油票据面额有整数的和非整数的机打发票，除非是限额报销的需要，否则加油很少会是整数。

财务人员道出燃油费背后的秘密：为少缴个人所得税，企业采取限额报销燃油费的形式向员工支付交通补贴，每月一次由员工提供规定限额的加油票据，而整数燃油费票据就是员工报销的发票，这样发放的交通补贴未合并到员工当月工资薪金计算并代扣代缴个人所得税。

当检查人员又对企业“办公用品”事项进行检查时，发现春节、中秋节和国庆节所在月份列支的名为“办公用品”的票据明显太多，且都是大数额的整数。

于是检查人员要求企业财务人员提供办公用品的采购及领用明细，而企业后勤管理科的人员隔天才将明细表提供给检查人员，检查人员怀疑这些清单不真实，于是向开具以上票据的某大型商场发出调查函，收到商场回复称，那些票据是被查企业从商场处购买购物卡的支出。

财务人员不得不承认其中的猫腻：每逢重大节日，企业都要向员工发放福利，原来发实物，后改为购物卡，为了少缴个税，一方面购卡时让商场开出“办公用品”发票入账，另一方面以购物卡形式发放给员工的福利未合并到当月工资薪金扣缴个人所得税。

破产清算时留抵税额是否计入清算损益

一般纳税人破产清算注销时，其存货不做进项税额转出处理，留抵税额也不予以退税。由于增值税是价外税，其留抵税额未纳入企业会计损益核算，若企业处于正常经营状态，留抵税额实际上具有一定的“资产”特征，可减少企业纳税义务。但清算时增值税留抵税额不能抵税，只能将其转入存货成本。具体的处理工作中要注意以下几个问题。

第一，企业清算时存货和已抵扣进项税金的固定资产发生非正常损失的，应做进项税额转出处理，补缴增值税，调减增值税留抵税额。

第二，企业清算时仍有存货和已抵扣进项税额的固定资产作为剩余财产向股东分配的，其留抵税额不再退还，应作为“负债清偿损益”处理，负债清偿损益为负数。

第三，企业清算时没有存货和已抵扣进项税额的固定资产，直接将剩余财产向股东分配的，税务机关对留抵税额不再退税，同时将其计入“应交税费”科目。

第四，如果企业没有存货，则留抵税额要计入销售成本，即可以计入清算损益，只要企业所得税法中没有明确的规定，就可进行会计处理。

第五，因账外经营产生的留抵税额属于逃避纳税义务的行为，如果计入清算损益，则实际上是用所得税弥补增值税损失，即由国家承担损失，这显然是不合理的，所以不能计入清算损益。但正常的留抵税额可以计入清算损益。

综上所述，企业注销清算时，留抵税额是否计入清算损益的答案是不确定的，但必须要认真考虑这一问题，否则可能出现少计“负债清偿损益”，多缴清算企业所得税；或者被税务部门追缴税款、滞纳金以及受到税务行政处罚。

企业清算的税务处理

企业清算中发生的财产盘盈或盘亏、变价净收入、无力归还的债务、无法回收的债权以及清算期间的经营收益或损失等，都将计入“清算损益”，进而影响企业的税务。如表9-5所示的是需要进行清算所得税处理的企业范围。

表 9-5

项目	清算所得税的处理
清算	按《公司法》、《企业破产法》等规定需要进行清算的企业
视同清算	企业由法人转变为个人独资企业、合伙企业等非法人组织，或将登记注册地转移至中华人民共和国境外（含港澳台），应视同企业进行清算分配，同时企业全部资产的计税基础均应以公允价值确定；被合并企业应视同清算并进行所得税处理，同时合并企业应按公允价值确认接受合并企业各项资产和负债的计税基础；被合并企业不再存续的，被分立企业应按清算进行所得税处理，同时分立企业应按公允价值确认接受资产的计税基础

企业应把整个清算期作为一个独立的纳税年度，同时计算清算所得。这里的清算所得指企业的全部资产可变现价值或交易价格，减去资产净值、清算费用和相关税费后的余额。

清算期间资产盘盈盘亏要计入清算所得，而不能收回的应收款项应作为坏账损失处理，未经审批的财产损失不得在计算清算所得时扣除。

企业清算前已确定不需要支付的应付款项，应并入生产经营所得计征税费；清算期间确定的不需要支付的应付款项，需并入清算所得计征税费。其中，盈余公积和资本公积属于股东权益，不计入清算所得。

应当分期确认所得的项目，如政府补助，剩余未确认所得的金额必须一次性并入清算所得；生产经营期间预提的各项费用（不含递延所得税负债）不再支付的，必须并入清算所得；其他待摊费用（如按3年平均扣除的企业筹办费、房屋装修费等）按照剩余计税基础扣除；非同一控制下的企业合并形成的商誉，在生产经营期间不得摊销扣除，在计算清算所得时一次性扣除。递延所得税资产与应纳税所得额无关，其计税基础为零。

由于企业清算期间也是一个独立的纳税年度，因此清算所得可以弥补以前年度的亏损。

清算期间不属于正常生产经营期间，不能享受法定减免税优惠，清算所得一律适用基本税率25%。清算所得税计算公式如下。

应纳清算所得税额 = 清算所得 × 25%

清算所得 = 资产（含盘盈资产）变现收入 − 清算费用（含相关税费）− 资产计税基础净值 ± 其他纳税调整额 − 弥补以前年度亏损

Chapter

10

税法许可范围内怎么合理避税

OPTIONS

【本章要点】

OPTIONS

【实账处理】

税的由来与去处

"税"是政府为了维持其运转及为社会提供公共服务，对个人和法人强制和无偿征收实物或货币的总称，即"取之于民，用之于民"。产品流通过程中，不仅增值时需要缴税，盈利时也要缴税。

什么是真正意义上的避税

避税是指纳税人利用税法上的漏洞或税法允许的办法，做适当的财务安排或税收筹划，在不违反税法规定的前提下，达到减轻或解除税负的目的。虽然是非违法性的行为，但却会给国家收入造成直接损失。

比如，一般纳税人可考虑增值税避税手法，即可以尽量把实际发生的费用都取得增值税进项发票，如每月都会发生的办公室水电费、物业费、租赁费、电话费、办公用品及广告费等。"营改增"后，这些费用都可以取得增值税专用发票来抵扣进项税额。若企业本身费用较大，则可以通过这一方式节省不少应交的增值税。如表10-1所示的是一些合理的避税方法。

表 10-1

避税方法	操作
技术入股少缴税	不少企业的管理者都是技术专家，拥有相应专利，把技术专利作价投入企业，不仅可以改善企业的财务状况，减少投资时的资金压力，还能将技术计入无形资产并合理摊销，增加成本费用，减少利润，少缴所得税
存款少可迟缴税	通常，企业申报后就应及时缴税，但存款少就能申请延迟缴税，也是一种避税方法，这里避的是"时间"。即可动用的银行存款（不含企业不鞥支付的公积金存款、国家指定用途存款和各项专用存款）不足以支付当期工资，或支付工资以后不足以支付应交税费

续表

避税方法	操作
签订金额未定合同	企业一旦签订合同就要缴印花税，即使合同作废后重新签订也要重新缴印花税。比如，合同金额增加了，需要补缴印花税，而金额减少了却不会退印花税。因此，若合同金额一时不能确定，应先签订金额未定的合同，确定后再补充到合同中，可避免多缴税
流程重复设置	很多生产型企业设立自己的销售公司，可避免过高的消费税负担。企业的产品先销售给销售公司，销售公司再卖给经销商或客户，由于消费税在生产环节纳税，而销售环节不缴纳，所以销售公司不缴纳消费税，只要定价合理，就可少交部分消费税
通过捐赠避税	对外捐赠款项或实物时，要避免视同销售，否则需要缴纳增值税。另外，捐赠要合理进入成本费用，接受捐赠要取得专用票据，否则需要缴纳 25% 的企业所得税
纳税申报衔接	企业财务人员变动可能会发生前任已经离职但后任又还没到岗的真空期，若错过了纳税申报时间，企业会被罚款，相当于多缴税费。因此，企业可要求财务人员在离职前尽可能把纳税申报做完
不缴税也要申报	企业可能因为各种原因而没有税款需要缴纳，但也要按时进行纳税申报。若不办理，企业也会被罚款

采购活动中的避税问题

企业生产经营过程中有多个重要环节，每个环节可能发生的经济业务很多，从这些业务中可以找到一些避税点，如从运费入手实施避税和与发票有关的避税等。

从运费入手实施避税

企业进行经济业务过程中难免会遇到运费支出，相当正规的业务交流中，运费也会有增值税专用发票，而有关税法规定，运费产生的税费可以得到一定程度的抵扣，减少企业应缴纳的增值税。

【实账处理】——运费的避税做法

F公司是增值税一般纳税人，2016年的销售收入为2000万元，运费收入为117万元（按含税收入的5%计算），销售的产品适用增值税税率为17%。

做法一，该企业不成立运输公司。

公司实行送货上门，运输费用通过提高货价的办法解决，开具增值税专用发票，则应按混合销售行为对运输收入与货款一起征收增值税。涉及汽车零件、汽油等进项税额33333元。

销项税额＝1170000/（1＋17%）×17%＝170000（元）

运输收入应纳增值税＝170000－33333＝136667（元）

做法二，成立独立核算的运输公司，运输公司将运输发票直接开给购货方。

公司采取代垫运费，或由运输公司直接向购货方收取运费，运输公司的运输收入适用增值税税率为11%。

销项税额（总增值税额）＝1170000×11%＝128700（元）

做法三，成立独立核算的运输公司，并将运输发票开给公司（销货方）。

销货方实行送货上门，运输收入通过提高货价的办法解决，则运输公司的运输收入按11%缴纳增值税，而公司的运费收入与货款一起按17%缴纳增值税。其中，有7%可以进行进项税额抵扣。

运输公司运费收入应纳增值税（销项）税额＝1170000×11%＝128700（元）

公司（销货方）运费收入应纳增值税税额＝1170000/（1＋17%）×17%－1170000×7%＝88100（元）

运费收入总纳税额＝128700＋88100＝216800（元）

通过上述3种方法计算得出的结果可知，做法二中运输费用对应的税负最低，为最优方案，做法一次之，做法三税负最高。

所以，运费避税操作中，可以采取另行成立运输公司的做法，直接向购货方开具运输发票，而销货公司不参与运输业务，此时销货公司则不用考虑运费收入还要缴纳17%的增值税，这样运费可以少缴增值税。

但由于案例中的做法一会涉及自行运输所用车辆消耗的汽车零件与汽油等进项税额，因此在实际选择运输方式时，还是要先通过这3种方法明确预算出各自要交的增值税，才能真正确定用哪种方法更能达到避税目的。

与发票有关的避税方法

有发票的费用一般可以在所得税前扣除，扣除的费用多了，相应的利润就少了，应交所得税也会随之减少。常见的避税方法有如下一些。

（1）转移股利收入，挂往来账

投资企业收到被投资企业发放的股利时，本应作为投资收益入账。但有的企业为了截留分得的股利，于是不做投资收益处理，而计入“其他应付款”。但如果被税务检查人员查出，企业需要补缴相应税款，并缴纳相应的滞纳金。

例如，甲公司购入乙公司面值为80元的普通股100手（10000股），另支付手续费6400元。年终分得的股利为52000元，甲公司将取得的股利直接挂入“其他应付款”中，使得该投资收益避开缴纳企业所得税。

（2）转移罚金，不做利润处理

企业在经济交往中收取的赔款、罚金和滞纳金等各种罚没收入均应计入“营业外收入”账户，但有的企业为了将这些收入挪作他用，便虚挂往来账户。如企业向不履行合约的单位收取违约金6万元，同时将这笔收入计入“其他应付款”。在没有发票的情形下，该行为很难被查出，企业也就达到了避税的目的。

（3）虚列收入，调整利润

企业中不乏有财务人员受上级领导指示，对已实现的收入不按现行财务会计制度的规定进行账务处理，授意会计人员虚增虚减、转移或截留利润，挂往来账或跨期入账。这是一种避税方法，但同时也会轻易地被认定为偷逃税务。

例如，某企业领导对市场看好，产品畅销效益好，为了控制利润增长幅度，指使财务人员将当年200万元销售收入不入账，而350万元销售收入虚挂往来账，使企业利润虚减了150万元，从而实现“避税”。

（4）转移营业收入到营业外收入

企业的营业外收入不缴纳增值税销项税，而营业收入要缴纳，有的企业为了少缴税费，故意将一些营业收入转到营业外收入中进行核算。

例如，某企业销售一批货物，售价180万元，成本100万元。双方结算后，企业本应将收入入账，同时期末结转产品销售成本，并按规定缴纳产品的销项税费。但企业为了少缴税费，直接将收入180万元转入营业外收入核算，同时结转成本时冲减“营业外收入”。企业结果少计缴增值税8万元，城建税5600元，教育费附加2400元，对企业应交所得税的影响额为71.2万元（180－100－8－0.56－0.24）。

还有很多与发票有关的其他避税手法，这里不再一一赘述，企业财务人员只需熟记税法，帮助企业完成合理避税。

生产活动的避税处理

企业生产过程中，对于存货、折旧、加工和产品研发等的不同账务处理方式，会提供给财务人员一些少计缴税费的契机，从而帮助公司达到避税的目的。

存货计价与数量盘存避税法

存货是指企业在生产经营过程中为销售和生产耗用而储备的各种物资，如各种原材料、燃料、包装物、在产品、产成品和外购商品等。选择适当的存货计价方法或存货数量盘存法是实现避税的重要手段。

（1）存货计价如何避税

企业购入存货时流动资产增加，发出存货时流动资产减少，同时营业成本相应增加。因此，存货的收发核算与营业成本、利润等密切相关，因此可通过确定有利于企业的营业成本、利润来缩小税基，减少税负。入手点为销货成本，其计算公式如下。

销货成本＝期初存货＋进货（扣除退货等）＋进货费用/期末存货

从公式上看，期末存货的大小与销货成本高低成反比，即期末存货金额越高，销货成本越低，在销货收入一定的情况下，全年所得额及所得税费会随之增加；反之，所得额和所得税费会减少。因此，期末存货金额高低是影响企业所得税额的因素，而存货计价方法又会影响期末存货金额的确认，所以选择不同的存货计价法可以实现避税目的。

根据我国现行会计准则规定，发出存货的计价方法有个别计价法、先进先出法、后进先出法、月末一次加权平均法和移动加权平均法等。其中，移动加权平均法和先进先出法使用得最多。下面通过案例分析，了解移动加权平均法、先进先出法和后进先出法的不同之处。

【实账处理】——存货计价的不同方法与避税

G公司2016年12月发生的某原材料购入、零用和结存数据如下所示。

12月1日，期初结存数量0.5万公斤，单价为8元/公斤。

12月9日，购入2万公斤，单价为8.5元/公斤。

12月12日，发出1万公斤，单价为8.4元/公斤。

12月16日，购入1.5万公斤，单价为8.75元/公斤。

12月21日，发出1.3万公斤，单价为8.575元/公斤。

12月28日，购入0.75万公斤，单价为9元/公斤。

12月30日，发出0.8万公斤，单价为8.705元/公斤。

而根据不同计价方法计算存货的月末存货有所不同，相应的销售成本、毛利和税前收益等也有不同，最后所得税额和税后净收益就会不同。如表10-2所示的是移动加权平均法下材料明细账。

表 10-2　　　　单价：元 / 公斤　　数量：万公斤

事项	购入			发出			结存		
	量	价	金额	量	价	金额	量	价	金额
12 月 1 日	—	—	—	—	—	—	0.5	8	4
12 月 9 日	2	8.5	17	—	—	—	2.5	8.4	21
12 月 12 日	—	—	—	1	8.4	8.4	1.5	8.4	12.6
12 月 16 日	1.5	8.75	13.125	—	—	—	3	8.575	25.725
12 月 21 日	—	—	—	1.3	8.575	11.1475	1.7	8.575	14.5775
12 月 28 日	0.75	9	6.75	—	—	—	2.45	8.705	21.3273

续表

事项	购入			发出			结存		
	量	价	金额	量	价	金额	量	价	金额
12月30日	—	—	—	0.8	8.705	6.964	1.65	8.705	14.3633

而在先进先出法中，材料的明细账有所不同。1日期初结存数量0.5万公斤，单价8元/公斤，金额4万元；9日购入2万公斤，单价8.5元/公斤，金额17万元；12日发出1万公斤，其中0.5万公斤单价8元/公斤（金额4万元），0.5万公斤单价8.5元/公斤（金额4.25万元），结存数为1.5万公斤，单价8.5元/公斤（金额12.75万元）；16日购进1.5万公斤，单价8.75元/公斤，金额13.125万元；21日发出1.3万公斤，单价8.5元/公斤，结存数1.7万公斤（0.2万公斤的单价8.5元/公斤，1.5公斤的单价8.75元/公斤），金额14.825万元；28日购入0.75万公斤，单价9元/公斤，金额6.75万元，结存数2.45万公斤（金额21.575万元）；30日发出0.8万公斤，其中0.2万公斤的单价8.5元/公斤，0.6万公斤的单价8.75万元，结存数1.65万公斤（0.9万公斤的单价8.75元/公斤，0.75万公斤的单价9元/公斤），金额14.625万元。

同理，以相反方向的思维计算出后进先出法下12月30日的结存数为1.65万公斤（0.5万公斤的单价8元/公斤，1万公斤的单价8.5元/公斤，0.15万公斤的单价8.75元/公斤），金额13.8125万元。如表10-3所示的是这3种方法下应纳税额的对比结果。

表 10-3　　　　单位：万元

项目	移动加权平均法	先进先出法	后进先出法
销售收入 （数量3.1万公斤，单价11元/公斤）	34.1	34.1	34.1
月初材料 （数量0.5万公斤，单价8元/公斤）	4	4	4
本月购入 （4.25万公斤）	36.875	36.875	36.875
可供销售商品 （4.75万公斤）	40.875	40.875	40.875

续表

项目	移动加权平均法	先进先出法	后进先出法
减：月末存货	14.36325	14.625	13.8125
销售成本	26.51175	26.25	27.0625
销售毛利	7.58825	7.85	7.0375
营业费用	5	5	5
税前收益	2.58825	2.85	2.0375
所得税（25%）	0.6470625	0.7125	0.509375
税后净收益	1.9411875	2.1375	1.528125

由表10-3可以看出，若原材料价格呈持续上涨趋势，则采用后进先出法可使销售成本提高，进而减少当期利润，达到减少当期纳税和递延纳税的目的。但如果原材料价格呈持续下跌趋势，可能结果刚好相反，即采用先进先出法才能达到避税目的。

（2）存货盘存如何避税

根据会计制度的规定，确定存货数量的基本原则是：凡在盘存日期，法定所有权属于企业的所有货物，不论其存放地点，都应视为存货。而在具体确定存货数量时，一般又有两种盘存方法，实地盘存和永续盘存。下面通过一个具体的案例来了解存货盘存是如何避税的。

【实账处理】——选择合适的存货盘存法来避税

H公司在2016年11月发生下列经济业务：

1．以存款购入商品15000元。

2．出售该商品一批，成本12000元，收到货款18000元。

3．期末盘点该商品的库存金额为1500元，并结转成本。

根据以上经济业务，计算结果如表10-4所示。

表 10-4

项目	实地盘存	永续盘存
含义	期末通过存货的实地盘点来确定存货数量，并据以计算销货成本和期末存货成本	对存货设置明细账，逐笔或逐日登记收入和发出数，并随时记列其结存数
特点	平时对存货只记购进，不记发出；以期末盘点数作为存货的实际库存数，再倒算本期发出数	按品种设置存货明细账，登记收发存数量和金额；期末根据账面上的期初数、本期收入和发出数计算期末结存数量与金额
账务	借：存货 15000 贷：银行存款 15000 借：银行存款 18000 贷：营业收入 18000 借：营业成本 15000 贷：存货 15000 借：存货 1500 贷：营业成本 1500	借：存货 15000 贷：银行存款 15000 借：银行存款 18000 贷：营业收入 18000 借：营业成本 12000 贷：存货 12000 借：待处理财产损益 1500 贷：存货 1500
计算	毛利 = 18000 －（15000 － 1500）= 4500	毛利 = 18000 － 12000 = 6000
评价	财务手续简便，明细记录只分大类或根本不分类。但是，不能随时反映存货收发存的动态，管理和控制不严谨；非销售和非耗用的存货计入销售成本或耗用成本中，利润计算不准确；适用性差，主要用于品种多、价值低，尤其是耗损大且数量不定的鲜活品	有利于加强存货的管理；随时反映每一存货的收发存动态，可控制其数量和金额；通过盘点，可查明存货溢缺的原因，保证企业利润计算的准确性。但是，该方法下存货明细记录工作量较大

由于采用实地盘存法时，非销售和非耗用的存货都计入销售成本或耗用成本中，可以增大企业营业成本，减少企业利润，进而就能减少企业所得税的缴纳金额。如上表所示，假设毛利就是税前利润，则采用实地盘存法比采用永续盘存法要少缴375元（6000×25%－4500×25%）的企业所得税。因此，存货数量盘存时，选择实地盘存法可以达到一定程度的避税目的。

提示：资产折旧是一种有效的避税方法

固定资产折旧的计算和计提必定会影响企业的经营成本，进而影响企业的利润水平和税负轻重。加速折旧法使企业在最初的年份提取的折旧额较多，冲减了税基，从而减少了应纳税款，对企业来说起到了合理避税的功效。

加工环节怎样避税

企业的加工环节可有3种加工方式，一是委托他人加工后继续加工再出售；二是委托他人加工后直接出售；三是自行加工，3种方式中企业面临的税负有所不同。下面来看一个具体的案例。

【实账处理】——加工环节中各种方式下的税费计算

方法一，委托加工产品收回后继续加工成另一种消费品。

J公司委托K公司将一批价值120万元的烟叶加工成烟丝，协议规定加工费90万元，加工的烟丝运回J公司后继续加工成甲类卷烟，加工成本和分摊费用共114万元，该批卷烟销售收入840万元。已知烟丝消费税税率30%，甲类卷烟消费税税率56%。计算消费税的同时，还应计算增值税（价外税，与加工方式无关）。

J公司向K公司支付加工费同时，向受托方支付其代收代缴的消费税计算如下。

消费税组成计税价格＝（120＋90）/（1－30%）＝300（万元），应交消费税＝300×30%＝90（万元）

J公司销售卷烟应交消费税＝840×56%－75＝395.4（万元）

J公司税后利润＝（840－120－90－90－114－395.4）×（1－

25%）=22.95（万元）。

方法二，委托加工产品收回后直接对外销售。

J公司委托K公司将烟叶加工成甲类卷烟，烟叶成本仍为120万元，但加工费用为192万元，加工完毕运回J公司后，对外销售收入仍为840万元。

J公司向K公司支付加工费的同时，向其支付代收代缴的消费税为：（120+192）/（1−56%）×56%=397.09（万元）。

由于委托加工应税消费品直接对外销售，J公司在销售时不必再缴纳消费税，所以税后利润为：（840−120−192−397.09）×（1−25%）=98.1825（万元）。

与方法一相比，被加工材料成本相同和最终售价相同的情况下，方法二税后利润多了75.2325万元。对于受托方来说，不论哪种情况，代收代缴的消费税都与其盈利无关，只有向委托方收取的加工费才与受托方的盈利有关。

方法三，自行加工方式。

J公司将购入的价值120万元的烟叶自行加工成甲类卷烟，加工成本和分摊费用共计210万元，销售收入840万元。

J公司应交消费税=840×56%=470.4（万元）

税后利润=（840−120−210−470.4）×（1−25%）=39.6×75%=29.7（万元）

3种方法比较得出，方法一缴纳的消费税最少，但税后利润低，说明税负最重。而委托加工后直接对外销售方式下税后利润最高，说明税负最轻。但这并非是不变的定论，因为加工成本、分摊费用和委托加工费用这3项支出的大小也是决定企业采用哪种方法的关键，会影响企业的税前利润，进而影响企业应交所得税额的多少。

由上述案例可知，企业在加工环节，可选择合适的加工方法来降低企业税负，提高企业的利润。

销售活动免不了避税问题

企业在销售环节，会因为销售方式和定价策略等的不同，而对税费的支出造成影响，比如多元式收入、捆绑销售和返利佣金等，都与避税问题有关。

捆绑销售的避税实质

捆绑销售是共生营销的一种形式，指两个或两个以上的品牌（或公司）在促销过程中进行合作，从而扩大各方的影响力。捆绑销售要达到“1+1>2”的效果，取决于两种商品的协调和相互促进，而不存在难以协调的矛盾。捆绑销售的成功还依赖于正确捆绑策略的制定。企业或店铺利用捆绑销售的方式，可以达到合理避税的目的。

【实账处理】——捆绑销售细节决定避税效果

某服装店临近换季，于是通过“买一赠一”的促销方式最大限度地减少囤积货量。比如，只要买一件价值499元的外套，就可获赠一条58元的丝巾。

因为税法规定，企业将自产、委托加工或购买的货物无偿赠送他人时，应视同销售计算缴纳增值税。因此，赠送的丝巾也要缴纳增值税。当顾客购买499元的外套时，账务处理上其增值税销项税额为：销售收入/（1+税率）×税率。即：

销项税额＝（499+58）/（1+17%）×17%=80.93（元）

如果商店将赠送改为销售折让，将促销的外套按正常销售对待，同时把丝巾按其价值以销售折扣的形式返还给客户。开具发票时填写外套一件，价格499元；丝巾一条，价格58元。同时，以折扣的形式将58元在发票上反映，直接返还给客户，发票上的净值就为499元，同时客户实际支出也只需499元。

这样一来，折扣的58元直接冲减店铺的销售收入，此时的增值税销项税额为：499/（1+17%）×17%=72.5（元）。

这两种促销手段都是捆绑销售，但第二种促销手段可少缴8.43元（80.93−72.5）的增值税。当每月都有较稳定的大销量时，如650件，每月就能节省5479.5元（650×8.43）的税款，理想状态下足够把每月的店铺租金抵消。

还有一些其他的促销手段这里就不再一一列举，只要通过税法规定的原则确认销售收入，然后计缴税费，从而比较得出的最优方法即可实施到实际销售工作中，降低企业或店铺的税负。

转让定价进行避税

转让定价就是关联企业之间，在销售货物、提供劳务或转让无形资产等时制定的价格。在跨国经济活动中，利用转让定价进行避税已成为一种常见的方法，原理如图10-1所示。

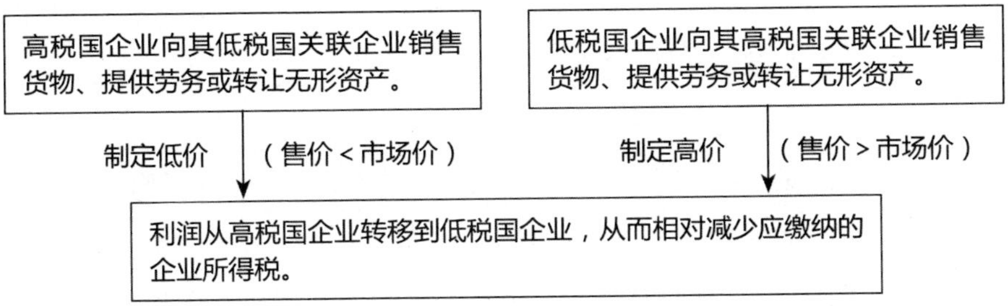

图10-1

转让定价合法的前提是，在税法允许的范围内，企业可以适度调价，使得产品的售价高于或低于市场价格，这也是让交易双方的税务主管机关接受的关键问题。下面以货物交易为例介绍转让定价是如何实现避税的。

【实账处理】——不同经济业务通过转让定价实现避税

L公司为一般纳税人，适用增值税税率17%，而其联营企业适用低税率13%。于是，L公司以单价12元（市场价15元，成本10元）将自制半成品售给联营企业，而联营企业最后以15元的价格出售。这一过程中涉及的增值税计算如下。

L公司应交增值税＝（12－10）×17%＝0.34（元）

联营企业应交增值税＝（15－12）×13%＝0.39（元）

总的应交增值税＝0.34＋0.39＝0.73（元）

如果L公司没有转让定价，而是直接以市场单价15元出售该半成品，虽然每件产品依然获得5元收益，但需缴纳的增值税多了。

L公司应交增值税＝（15－10）×17%＝0.85（元）

若L公司适用低税率，而关联企业适用高税率，且L公司向关联企业销售货物，则需要制定高价出售，比如L公司以单价16元将产品卖给关联企业，关联企业再以15元的价格出售。

L公司总的应交增值税＝（16－10）×13%－（16－15）×17%＝0.78－0.17＝0.61（元）

若L企业不转移定价，直接以15元出售，每件商品仍然获利5元，则应交增值税变为：5×13%＝0.65（元）。

有些企业会通过提供劳务不计算报酬或不合常规计算报酬的方式，多收、少收甚至不收来转移收入，减少企业利润，进而减少应纳所得税。而转让无形资产时，其避税原理与货物交易类似，都是通过价格的变化来实现利润的转移，即大部分利润适合低税率，而小部分利润适合高税率，这样应交税费就会比原来的情况少。

其他避税方法

在各种避税措施中，不乏有一些特殊的、可能不轻易被人想到的办法可以避税。为了拓展企业避税措施的选择范围，本节将介绍几种特殊的避税方法。

做好投资行业的选择达到避税目的

我国税法中对投资规定有减免税优惠政策，通过投资方案的选择，企业可以达到减轻税负的目的。其中，税法对不同类型企业的税收优惠有不同的规定，比如内资企业和外资企业。我国目前对内、外资企业征收的税收主要有流转税、所得税和其他税三大部分。

企业在选择投资行业时，主要寻找符合税法规定减免税的行业，比如进口仪器、仪表的行业可享受科研用品免税优惠，投资这样的企业就可实现避税目的。又如，国家为了促进高科技产业的发展，对高技术、新技术产品的开发给予了相应的税收优惠，投资这一行业也能实现避税。还有一些行业有着税收优惠，企业做投资时可以参考，如表10-5所示。

表 10-5

序号	行业描述
1	投资农业，国家为了服务“三农”，出台了很多税收优惠政策，企业可利用这些政策投资农业，获得避税后的可观收益
2	投资教育行业，我国对教育事业的重视程度很高，为了大力发展教育，也存在很多税收优惠政策，对于企业来说，投资教育行业可适当避税
3	投资扶持弱势群体就业和再就业的企业，国家对这类企业给予减免城建税、教育费附加和企业所得税等优惠
4	投资环境保护行业，这是国家大力提倡的行业，因此会给予很多税收优惠

由此可看出，企业通过投资行业的选择来达到避税的目的，实际上就是选择有税收优惠的行业进行投资。因为在找投资的前提下，选择有税收优惠的行业比选择没有税收优惠的行业承受的税负轻，进而可能获得更高的投资收益。

借鸡生蛋，融资如何能避税

企业融资方式可分为两大方向，负债融资和权益融资。其中，负债融资的利息支出抵税效用较好，而权益融资中很多方法都没有避税效用。下面就来具体了解负债融资的避税手法。

（1）发行债券融资

无论企业发行债券时是溢价发行还是折价发行，其摊销部分都可计入财务费用，冲减或增加利息费用，进而影响所得税额和应纳所得税。

若使用实际利率法进行摊销，前几年的溢价摊销额少于直线法的摊销额，利息费用大于直线法的利息费用，企业前期纳税少后期纳税较多，可达到相对节税；若使用直线法进行摊销，前几年的折价摊销额大于实际利率法的摊销额，利息费用也大于实际利率法的利息费用，企业前期纳税少而后期纳税较多，也可达到相对节税。

因此，考虑到货币的时间价值，纳税企业应使用实际利率法摊销溢价债券，使用直线法摊销折价债券。

（2）长期借款融资

长期借款融资方式下，企业使用金融机构提供的贷款时所需要支付的借款利息允许在计算所得税前扣除，则具有明显的减税作用。除此之外，企业还可利用与金融机构的长期业务往来，协议降低贷款利率或别的有利于企业的贷款优惠条件，从减少贷款成本出发提高企业经营利润，从另一个角度达到避税效果。

（3）融资租赁

企业用贷款购买设备所支付的资金成本可以在税前列支，实际上享受了税收优惠，因为如果使用自有资金方式购买设备，就完全享受不到税前列支的好处。

企业将购买设备支付的资金成本在税前列支，增加了企业经营成本，在计算企业应交所得税时，扣除的金额变多，则企业所得额减少，应缴纳的企业所得税随之降低，达到避税目的。

由上述3点可总结出一些利息支出达到节税目的的途径：一、尽量加大合理的符合扣除规定的计入财务费用的融资利息支出份额；二、当企业处在免税期间、亏损年度或前5年发生亏损可以延续弥补的，借款费用要尽可能予以资本化，即将固定资产的确认时间延后，使利息资本化期间延长，进而增加资产的价值，日后可以多计提折旧，减轻企业税负；三、当企业处于盈余年度，借款费用尽可能费用化，达到企业费用最大化目标，减轻企业税负。

【实账处理】——企业负债比例与税费的关系

M公司生产部门计划投资1200万元生产一种新产品，于是向财务部申请款项。由于金额巨大，财务人员考虑对外融资。已知企业息税前利润为480万元，任何方案下债务利率均为12%，企业所得税税率为25%。最后，制定出如表10-6所示的3种融资方案。

其中，方案1所需资金全部通过权益融资取得；方案2以权益融资筹集960万元，剩余240万元通过债务融资方式筹集；方案3以权益融资方式筹集400万元，800万元通过债务融资方式筹集。

表 10-6 单位：万元

项目	方案 1	方案 2	方案 3
负债比例	0%（0:100）	20%（24:120）	66.7%（80:120）
息税前利润	480	480	480
息税前权益资本收益率	40%（480:1200）	50%（480:960）	120%（480:400）
债务资本利息率	12%	12%	12%
债务资本利息支付	0×12% = 0	240×12% = 28.8	800×12% = 96
税前利润	480 − 0 = 480	480 − 28.8 = 451.2	480 − 96 = 384
应纳税额	480×25% = 120	451.2×25% = 112.8	384×25% = 96
税后利润	480 − 120 = 360	451.2 − 112.8 = 338.4	384 − 96 = 288

由表中计算结果可知，企业资本结构中的负债比例是节税关键。通常情况下，企业负债比例越高，节税效果越明显，但企业经营成果并非最佳，所以企业要选择合适的融资方案。

处置资产的避税方法

所谓的处置资产，一般是指企业将不用的固定资产，如废旧机器设备等进行出售等处理，不同的出售方式对应的税负有差异。下面通过对一个具体的案例进行详细分析，来了解处置资产过程中如何避税。

【实账处理】——资产处置方式与避税

N公司是增值税一般纳税人，2016年12月，该公司盘点出已计提足额折旧的未使用机器设备3台，共计资产残值150万元。为了减少企业的损失以及有效避税，财务部拿出如下3种方案。

方案一，将固定资产直接出售。

该方案下，公司可获得112.5万元净收益。按照税法的规定，销售自己使用过的其他属于货物的固定资产，暂免缴纳增值税。而使用过的其他属于货物的固定资产应同时具备以下条件：属于企业固定资产目录所列货物；企业按固定资产管理并确认已使用过的货物；销售价格不超过其原值的货物。

该公司销售的残值机器设备符合上述条件，可以按规定暂免缴纳增值税，即可获得净收益112.5万元。

方案二，将固定资产作为废旧物资拆解后再销售。预计取得销售收入150万元，但公司需支付拆解费16.67万元。

公司将机器设备进行拆解，其属性和使用价值发生变化，拆解后的废旧材料已不属于固定资产，而是旧物。按照有关税法规定，纳税人销售旧物按4%的征收率减半缴纳增值税，不得抵扣进项税额，应交增值税为150/（1＋4%）×4%/2＝2.88万元，可得净收益为150－16.67－2.88＝130.45万元。

方案三，将拆解后的固定资产按拆解后的售价与买家签订销售合同，同时补签一个委托拆解劳务合同，由公司承担税负。

此时，公司既可取得150万元的销售收入，又可避免缴纳旧物销售的增值税，需要负担的只是16.67万元的劳务服务应缴纳的1.83万元（16.67×11%）增值税。按此方案可获得净收益为150－16.67－1.83＝131.5万元，比方案一、二都获得更多收益，比方案二节约了应交税费2.88－1.83＝1.05万元。

由上述案例可知，企业处置资产也能达到避税目的。除了前面提到的这些特殊避税方法外，企业还可利用未分配利润实现避税。比如，以未分配利润直接补缴资本金（注册资本），因为如果先分配利润再补缴，则需要股东缴纳个人所得税，而直接补缴就可避免缴纳这部分税费，因此可以产生避税效果。

读者意见反馈表

亲爱的读者：

感谢您对中国铁道出版社的支持，您的建议是我们不断改进工作的信息来源，您的需求是我们不断开拓创新的基础。为了更好地服务读者，出版更多的精品图书，希望您能在百忙之中抽出时间填写这份意见反馈表发给我们。随书纸制表格请在填好后剪下寄到：北京市西城区右安门西街8号中国铁道出版社综合编辑部 王佩 收（邮编：100054）。或者采用传真（010-63549458）方式发送。此外，读者也可以直接通过电子邮件把意见反馈给我们，E-mail地址是：1958793918@qq.com。我们将选出意见中肯的热心读者，赠送本社的其他图书作为奖励。同时，我们将充分考虑您的意见和建议，并尽可能地给您满意的答复。谢谢！

所购书名： ______________________

个人资料：

姓名：__________ 性别：__________ 年龄：__________ 文化程度：__________

职业：______________ 电话：______________ E-mail：______________

通信地址：________________________________ 邮编：__________

您是如何得知本书的：

□书店宣传 □网络宣传 □展会促销 □出版社图书目录 □老师指定 □杂志、报纸等的介绍 □别人推荐

□其他（请指明）________________________________

您从何处得到本书的：

□书店 □邮购 □商场、超市等卖场 □图书销售的网站 □培训学校 □其他

影响您购买本书的因素（可多选）：

□内容实用 □价格合理 □装帧设计精美 □带多媒体教学光盘 □优惠促销 □书评广告 □出版社知名度

□作者名气 □工作、生活和学习的需要 □其他

您对本书封面设计的满意程度：

□很满意 □比较满意 □一般 □不满意 □改进建议

您对本书的总体满意程度：

从文字的角度 □很满意 □比较满意 □一般 □不满意

从技术的角度 □很满意 □比较满意 □一般 □不满意

您希望书中图的比例是多少：

□少量的图片辅以大量的文字 □图文比例相当 □大量的图片辅以少量的文字

您希望本书的定价是多少：

本书最令您满意的是：

1.

2.

您在使用本书时遇到哪些困难：

1.

2.

您希望本书在哪些方面进行改进：

1.

2.

您需要购买哪些方面的图书？对我社现有图书有什么好的建议？

您更喜欢阅读哪些类型和层次的理财类书籍（可多选）？

□入门类 □精通类 □综合类 □问答类 □图解类 □查询手册类

您在学习计算机的过程中有什么困难？

您的其他要求：